Dieta a base de plantas para bajar de peso

Recetas de desayuno para derretir grasa

Sidney Ellison

resulta-do del uso de la información contenida en este documento, incluidos, entre otros, los errores, omisiones, o inexactitudes

Tabla de contenidos

Introducción

La dieta y el estilo de vida de hoy en día se han alejado mucho del estilo de vida saludable que nuestros antepasados llevaron. La comida es una necesidad para una buena salud, pero no toda la comida es buena comida. Lo que comes tiene un impacto significativo en tu cuerpo y salud en general. Usted puede haber probado un montón de dietas pensando que son saludables, así. Sin embargo, la mayoría de las dietas populares son sólo dietas de moda que no hacen nada bueno para su salud e incluso pueden afectar negativamente.

Aquí es donde la dieta a base de plantas es diferente y puede ayudarle. Este libro le ayudará a aprender cómo la dieta basada en plantas puede beneficiar su salud y cómo seguirla. Numerosas recetas te ayudarán a aplicar esta dieta a tu vida diaria. El enfoque de este libro se centra en las recetas de desayuno de una dieta basada en plantas. A medida que pruebe todas las diferentes recetas de desayuno en este libro, verá que la dieta no es difícil de seguir en absoluto.

Aunque este libro se centra en recetas de desayuno, es sólo una parte de una serie de otros libros de recetas a base de plantas. Estas recetas le ayudarán a hacer comidas deliciosamente saludables para cualquier momento del día. Pero por ahora, un desayuno saludable es un buen lugar para empezar. Aprende un poco sobre la dieta a base de plantas y luego comienza a probar todas las deliciosas recetas del libro.

Capítulo Uno: Una dieta basada en plantas

Antes de comenzar a seguir la dieta a base de plantas, usted debe entender lo que es y por qué debe seguirlo en primer lugar. Al leer esto, te darás cuenta de lo beneficiosa que puede ser esta dieta para tu salud.

Una dieta basada en plantas exactamente no es lo que parece. Esto significa que solo estará comiendo alimentos que se derivan de fuentes vegetales, y no se permiten alimentos para animales. Puede sonar imposible o completamente desagradable al principio, pero pronto entenderás el valor de tal dieta y por qué la recomendamos. Cuando usted sigue la dieta de origen vegetal, es necesario abstenerse de consumir cualquier cosa que se deriva de fuentes animales y esto incluye carne, huevos e incluso lácteos si se puede. Renunciar a estos alimentos no será un gran sacrificio porque los alimentos a base de plantas también están disponibles en una gran variedad. Renunciar a los alimentos de los animales no significa que usted tenga comidas monótonas e insípidas en absoluto. De hecho, hay millones de personas que han estado siguiendo este tipo de dieta de base vegetal toda su vida y están totalmente satisfechos con ella.

Esta dieta no sólo es buena para su salud, sino que también es una decisión consciente del medio ambiente a la que se comprometerá. Te hará un consumidor consciente a medida que tome más en cuenta de que comprar o comer en el futuro. La mayoría de nosotros simplemente recogemos cualquier cosa que nos guste en el supermercado sin prestar atención a los ingredientes exactos en esos alimentos. La mayoría de los alimentos procesados que consumimos están llenos de conservantes dañinos, azúcares ocultos y otros ingredientes no saludables. Pero cuando te comprometes con la dieta a base de plantas, tienes que comprobar que no hay ingredientes de origen animal incluidos en tus alimentos. Esto le dará la oportunidad de tomar nota de todo lo que va a consumir, y esta es una de las mejores cosas que puede hacer por su salud. La industria alimentaria ha comprometido la salud del hombre común para su propio beneficio. Sin embargo, es hora de prestar atención y tomar el control de su propia salud de nuevo. Esto significa que usted tiene que dejar de comer alimentos no saludables que no benefician su salud. Los alimentos animales no siempre son los mismos que los alimentos procesados producidos en fábrica, pero la dieta basada en plantas sigue siendo una mejor alternativa.

Es mejor comer tantos alimentos orgánicos como sea posible y menos de otros tipos de alimentos que están sometidos a una gran cantidad de procesamiento y productos químicos. La dieta a base de plantas se puede seguir de varias maneras diferentes. Diferentes personas tienen un enfoque diferente a esta dieta, y usted puede elegir su propio camino también. Por ejemplo, usted puede decidir ir todo el camino y cortar cada producto animal, incluyendo los lácteos. Sin embargo, algunas personas dejan de comer carne, pero todavía consumen leche, huevos, etc.

Los siguientes son algunos de los principios básicos de la dieta basada en plantas para guiarlo:

- Se omite o limita el consumo de productos animales.

- Reducir el consumo de alimentos altamente procesados y consumir sólo alimentos naturales mínimamente procesados o enteros.

- La mayoría de los alimentos consumidos deben obtenerse de plantas. Esto significa más verduras, frutas, legumbres, cereales integrales, frutos secos y semillas.

- Los alimentos refinados como el azúcar, los aceites refinados, etc. no deben consumirse.

- Trate de obtener más alimentos orgánicos y de producción local para garantizar una mejor calidad.

Aunque puede parecer que la dieta es la misma que una dieta vegana o incluso vegetariana, no lo es. Estas dietas son similares en muchos sentidos, pero también tienen sus diferencias. Por lo tanto, sería incorrecto utilizar el término dieta a base de plantas indistintamente con una dieta vegana o dieta vegetariana. Un vegano no comerá ningún alimento de origen animal como leche, carne, huevos, mariscos, miel o aves de corral. Un vegetariano no comerá carne o aves de corral, pero puede consumir productos lácteos como leche o huevos. A diferencia de estas dos dietas, la dieta basada en plantas es mucho más flexible. Esta es la razón por la que es más fácil cambiar a esta dieta para las personas

Como ya hemos mencionado, la dieta basada en plantas es consciente del medio ambiente. También es extremadamente saludable para usted, y una ventaja adicional es que le ayuda a perder peso no deseado. La mayoría de las personas miran hacia las dietas para ayudarles a perder peso. Sin embargo, y a menudo no encontrar una manera saludable de hacer esto y optar por dietas de moda que pretenden ayudarle a perder 10 libras en una semana. Usted tiene que entender que este tipo de enfoque es generalmente muy insalubre y la pérdida de peso ni siquiera será a largo plazo. La dieta basada en plantas puede ayudarte a perder peso al comer menos comida chatarra y otros alimentos no saludables. Facilitará un mejor sistema digestivo y le ayudará a mantener un peso más saludable. Así que para aquellos que están buscando una solución de pérdida de peso, esta dieta es definitivamente una opción buena. Mostrará resultados más lentos, pero la pérdida de peso será saludable y se puede mantener a largo plazo.

Mucha gente rehúye la dieta basada en plantas, pensando que es muy restrictiva. En realidad, esta dieta es muy flexible, y las cantidades de alimentos a base de plantas disponibles son mucho más de lo que podrías imaginar. Es posible que estés renunciando a la carne, pero hay muchas más variedades de plantas en el mundo que animales. Hay miles de recetas diferentes que puede probar de todo el mundo para ayudarle a utilizar estos ingredientes a base de plantas y cocinar deliciosamente comidas saludables. Todas las variedades de verduras, frutas, legumbres, etc. se pueden utilizar para hacer muchos tipos diferentes de platos todos los días. Esta es la razón por la que sería injusto asimilar o afirmar que la dieta basada en plantases restrictiva y difícil de seguir.

Beneficios de la dieta basada en plantas:

Como usted lee acerca de la dieta a base de plantas, usted todavía puede estar buscando más claridad sobre exactamente cómo es beneficioso para usted seguir esta dieta. Esta sección le ayudará a entender los diversos beneficios de la dieta a base de plantas.

Te ayudará a perder peso.

Más de la mitad de la población actual sufre de obesidad y otros problemas de peso. Esto se debe principalmente al consumo excesivo de alimentos chatarra o alimentos altamente procesados y demasiado azúcar. Muchos estudios han demostrado que cambiar a una dieta basada en plantas ayuda que personas pierden exceso de peso, y también les ayuda a mantener el peso apagado a largo plazo.

Es una dieta saludable para el corazón.

Dependiendo de cómo sigas esta dieta, puede ayudarte a mejorar mucho la salud del corazón. Comer más frutas, verduras, frutos secos y leguminosas mucho mejor para el corazón que consumir mucha carne roja, granos refinados o bebidas azucaradas. Comer buenos alimentos ayudará en la prevención de enfermedades cardíacas.

Reduce el riesgo de cáncer.

Una gran cantidad de investigaciones muestran que aquellos que siguen una dieta de semillas de planta tienen un menor riesgo de sufrir de ciertos tipos de cáncer. Esto es especialmente así en el caso del cáncer gastrointestinal y el cáncer colorrectal. Aquellos que comen pescado con esta dieta y dejan de comer carne en realidad están en una ventaja más alta que otros.

Protege contra el deterioro cognitivo.

Los estudios muestran que una dieta rica en alimentos a base de plantas puede ayudar a reducir el riesgo o el desarrollo de deterioro cognitivo. La alta cantidad de antioxidantes en tales alimentos y otros compuestos vegetales puede incluso reducir el progreso de enfermedades como la enfermedad de Alzheimer. También reducirá el riesgo de desarrollar demencia u otros deterioros cognitivos.

Ayuda en la prevención y el control de la diabetes.

Las personas que comen más alimentos a base de plantas tienen un riesgo mucho menor de desarrollar diabetes en comparación con otras que siguen un tipo de dieta más insalubre. Este tipo de dieta también ha ayudado a las personas a controlar sus niveles de azúcar en la sangre de una manera más saludable.

Una dieta basada en plantas es mejor para el planeta.

Aparte de los beneficios para la salud personal de esta dieta, también debe apreciar su impacto positivo en el medio ambiente. La huella ambiental de una dieta basada en plantas es mucho menor que la de una dieta carnívora. Si adoptas hábitos alimenticios sostenibles, ayudará a reducir el degradante ambiente y el calentamiento global. La dieta occidental resulta en una gran cantidad de emisiones de gases y causa una gran cantidad de desperdicio de agua.

Estos son algunos de los muchos beneficios de la dieta a base de plantas.

Alimentos para consumir:

Los siguientes son los alimentos que usted debe comer más Verduras. Esto incluye espinacas, col rizada, coliflor, patatas, brócoli, espárragos y toneladas de diferentes verduras.

- Fruta. Esto incluye melocotones, peras, naranjas, bayas, plátanos, mango y otros.

- Granos enteros. Estas son una mejor alternativa que los granos refinados que son perjudiciales para la salud. Esto incluye quinua, arroz integral, cebada, avena en hojuelas, etc.

- Legumbres. Estos incluyen frijoles negros, garbanzos, guisantes, lentejas, etc. y son ideales para la salud.

- Semillas y frutos secos. Estos incluyen semillas de girasol, nueces de anacardo, cacahuetes, semillas de calabaza y otros. Hacer mantequilla casera de estos también es una gran opción.

- Leche a base de plantas. En lugar de leche animal, puede sortear leche de almendras, leche de soja, leche de coco y leche de anacardo.

- Especias y hierbas. Estos incluyen romero, eneldo, cúrcuma, albahaca, pimienta negra, etc.

- Las bebidas incluyen agua, infusiones, jugos frescos y sin azúcares añadidos en estos.

Capítulo dos: Batidos de desayuno para bajar de peso

Merengada de Kiwi y col rizada

Número de porciones: 1

Valores nutricionales por porción:

Calorías – 174, Grasa – 5 g, Hidratos de carbono – 24 g, Fibra – 3 g, Proteína – 11 g

Ingredientes:

- 3/4 de taza de leche desnatada
- 1/2 kiwi, pelado, picado
- 1/2 cucharadita de néctar de agave, miel o jarabe de arce
- 1 taza de col rizada rota (desechar tallos duros y costillas)
- 1/2 cucharada de mantequilla de cacahuete lisa, sin sal

Instrucciones

1. Reúne todos los ingredientes y agréguelos en una licuadora.
2. Licúe durante 30 a 40 segundos o hasta que quede suave y cremoso.
3. Vierta en un vaso y sirva con hielo triturado.

Batido al despertar

Número de porciones: 6

Valores nutricionales por porción: 1 taza, sin edulcorante

Calorías – 139, Grasa – 2 g, Hidratos de carbono – 33 g, Fibra – 4 g, Proteína – 2.6 g

Ingredientes:

- 2 plátano s pelados, en rodajas
- 1 taza de tofu con bajo contenido de grasa o yogur natural bajo en grasa
- 2 1/2 tazas de jugo de naranja
- 2 1/2 tazas de bayas congeladas de su elección
- Edulcorante al gusto de su elección (opcional)

Instrucciones:

1. Reúne todos los ingredientes y agréguelos en una licuadora.
2. Licúe durante 30 a 40 segundos o hasta que quede suave y cremoso.
3. Vierta en 6 vasos y sirva.

Batido de espinacas, aguacate y plátano

Número de porciones: 1

Valores nutricionales por porción:

Calorías – 215, Grasa – 8 g, Hidratos de carbono – 22 g, Fibra – 7 g, Proteína – 13 g

Ingredientes:

- 1 plátano pequeño, en rodajas
- 1/4 de aguacate pelado, picado
- Un puñado de espinacas, desgarradas
- 1 cucharada de proteína a base de plantas en polvo
- 1 taza de leche de almendras, sin endulzar
- 1/2 cucharada de aceite MCT

Instrucciones

1. Reúne todos los ingredientes y agréguelos en una licuadora.
2. Licúe durante 30 a 40 segundos o hasta que quede suave y cremoso.
3. Vierta en un vaso y sirva.

Piña Colada

Número de porciones: 2

Valores nutricionales por porción:

Calorías – 143, Grasa – 3.8 g, Carbohidrato – 29.5 g, Fibra – 3.1 g, Proteína – 2 g

Ingredientes:

- 1 1/2 tazas de trozos de piña fresca
- 1 plátano pequeño, en rodajas
- 2 pulgadas de hierba de limón picada
- 1/2 taza de leche de coco ligera
- 2 cucharaditas de copos de coco, sin endulzar
- Cubos de hielo, según sea necesario

Instrucciones:

1. Reúne todos los ingredientes y agréguelos en una licuadora.
2. Licúe durante 30 a 40 segundos o hasta que quede suave y cremoso.
3. Vierta en 2 vasos y sirva.

Batido verde brillante

Número de porciones: 4

Valores nutricionales por porción:

Calorías – 154, Grasa – 1.1 g, Carbohidrato – 36.7 g, Fibra – 10.5 g, Proteína – 5.1 g

Ingredientes:

- 2 cabezas de lechuga romaní, desgarrada
- 1 manojo grande de espinacas picadas
- 2 peras, sin corazón, picadas
- 2 manzanas, sin corazón, picadas
- 2 plátanos en rodajas
- 7-8 tallos de apio picado
- Jugo de un limón
- 3 tazas de agua
- 1 taza de cilantro o perejil fresco picado (opcional)

Instrucciones:

1. Reúne todos los ingredientes y agréguelos en una licuadora.
2. Licúe durante 30 a 40 segundos o hasta que quede suave y cremoso.
3. Toma 4 vasos y servir.

Batido de desayuno para bajar de peso de proteína de arándano

Número de porciones: 2

Valores nutricionales por porción:

Calorías – 224, Grasa – 4 g, Hidratos de carbono – 19 g, Fibra – 4 g, Proteína – 20 g

Ingredientes:

- 1 taza de arándanos congelados
- 1 taza de leche de almendras de vainilla, sin endulzar
- 1 cucharadita de jugo de limón fresco
- 1 cucharada de mantequilla de almendras
- 2 cucharadas de proteína a base de plantas de vainilla en polvo
- Agua, según sea necesario

Instrucciones:

1. Reúne todos los ingredientes y agréguelos en una licuadora.
2. Licúe durante 30 a 40 segundos o hasta que quede suave y cremoso.
3. Vierta en 2 vasos y sirva.

Batido Detox

Número de porciones: 2

Valores nutricionales por porción:

Calorías – 236, Grasa – 6.5g, Carbohidrato – 44.8 g, Fibra – 10 g, Proteína – 4.7 g

Ingredientes:

- 2 tazas de espinacas picadas
- 1/2 taza de puré de aguacate
- 2 plátanos en rodajas, congelados
- 2 tazas de agua de coco
- 4 cucharadas de jugo de limón fresco
- 2 cucharadas de jugo de aloe Vera
- 1/8 cucharadita de pimienta de cayena o más al gusto
- Pocos cubitos de hielo de agua de coco

Instrucciones:

1. Vierta un poco de agua de coco en una bandeja de hielo. Congele hasta que esté firme. Usa estos cubitos de hielo de agua de coco.
2. Reúne todos los ingredientes y agréguelos en una licuadora.
3. Licúe durante 30 a 40 segundos hasta que quede suave y cremoso.
4. Vierta en 2 vasos y sirva.

Batido de remolacha y bayas

Número de porciones: 1

Valores nutricionales por porción:

Calorías – 146, Grasa – 3.7 g, Carbohidrato – 27.8 g, Fibra – NA, Proteína – 3 g

Ingredientes:

- 1/2 remolacha del centro comercial
- 1/2 taza de bayas mixtas congeladas
- 2 plátanos en rodajas, congelados
- 2 tazas de espinacas picadas
- 3 tazas de leche de almendras, sin endulzar
- 2 cucharaditas de semillas de chía
- 1/2 cucharadita de extracto de vainilla

Instrucciones:

1. Corta el plátano y colóquelo en una hoja de galletas. Coloque la hoja de galletas en el congelador hasta que el plátano esté congelado.
2. Hervir la remolacha en una pequeña olla de agua. Escurra y enfríe. Pelar y picar en trozos.
3. Reúne todos los ingredientes y agréguelos en una licuadora.
4. Licúe durante 30-40 segundos hasta que quede suave.
5. Vierta en vasos altos y sirva.

Desayuno batido Verde

Número de porciones: 4

Valores nutricionales por porción:

Calorías – 104, Grasa – 0.5 g, Carbohidrato – 25.5 g, Fibra – 7.1 g, Proteína – 2.5 g

Ingredientes:

- 4 tazas de espinacas picadas
- 6 tallos de apio picados
- 6 zanahorias picadas
- 1 naranja, separada en segmentos, desembrada
- 1/2 limón, pelado, desembrado
- 1/2 piña pelada, picada en trozos
- 1 pepino picado, despresado
- 1 manojo de perejil picado
- 4 manzanas, sin corazón, picadas
- 1/2 lima pelada, desembrada
- 2 racimos de menta fresca, picado

Instrucciones:

1. Reúne todos los ingredientes y agréguelos en una licuadora.
2. Licúe durante 30 a 40 segundos o hasta que quede suave y cremoso.
3. Vierta en 4 vasos y sirva.

Crema pistacho de fresa

Número de porciones: 2

Valores nutricionales por porción:

Calorías – 266, Grasa – 9 g, Hidratos de carbono – 18 g, Fibra – 5 g, Proteína – 30 g

Ingredientes:

- 2 cs fresas congeladas
- 1 aguacate pelado, deshuesado, picado
- 1/2 taza de pistachos
- 1/2 cucharadita de extracto de vainilla
- Agua, según sea necesario
- 2 cucharaditas de extracto de vainilla
- Cubos de hielo, según sea necesario

Instrucciones:

1. Reúne todos los ingredientes y agréguelos en una licuadora.
2. Licúe durante 30 a 40 segundos o hasta que quede suave y cremoso.
3. Vierta en 2 vasos y sirva.

Batido de ponche de huevo

Número de porciones: 1

Valores nutricionales por porción:

Calorías – 145, Grasa – 5.7 g, Carbohidrato – 23.3 g, Fibra – 3.8 g, Proteína – 2.4 g

Ingredientes:

- 1 1/2 tazas de leche de almendras
- 1 cucharadita de nuez moscada molida
- 4 dátiles, deshuesados, picados
- 2 plátanos en rodajas
- 2 cucharaditas de extracto de almendra

Instrucciones:

1. Reúne todos los ingredientes y agréguelos en una licuadora.
2. Licúe durante 30 a 40 segundos o hasta que quede suave y cremoso.
3. Vierta en un vaso y sirva.

Batido de bayas y hinojo mezclados

Número de porciones: 2

Valores nutricionales por porción:

Calorías – 55, Grasa – 3.1 g, Carbohidrato – 12.8 g, Fibra – 4.6 g, Proteína – 2.1 g

Ingredientes:

- 1 taza de bayas mixtas
- 1 taza de leche de almendras
- 4 bombillas medianas de hinojo, ralladas
- 2 cucharadas de semillas de girasol

Instrucciones:

1. Reúne todos los ingredientes y añádelos en una mezcla.
2. Licúe durante 30 a 40 segundos o hasta que quede suave y cremoso.
3. Vierta en 2 vasos y sirva.

Batido de melocotón y avena

Número de porciones: 2

Valores nutricionales por porción:

Calorías – 277, Grasa – 4 g, Hidratos de carbono – 33 g, Fibra – 6 g, Proteína – 28 g

Ingredientes:

- 1 melocotón, picado
- 1 taza de leche de almendras, sin endulzar
- 2 cucharadas de proteína de vainilla a base de plantas en polvo
- 1 plátano en rodajas, congelado
- 1 taza de leche de almendras, sin endulzar
- 4 cucharadas de avena enrollada
- 2 cucharaditas de semillas de lino molidas

Instrucciones:

1. Reúne todos los ingredientes y agréguelos en una licuadora.
2. Licúe durante 30 a 40 segundos o hasta que quede suave y cremoso.
3. Vierta en un vaso y sirva.

Batido de nuez de plátano de chocolate oscuro

Número de porciones: 2

Valores nutricionales por porción:

Calorías – 229, Grasa – 11 g, Hidratos de carbono – 26 g, Fibra – 7 g, Proteína – 28 g

Ingredientes:

- 1 plátano en rodajas
- 2 tazas de leche de almendras, sin endulzar
- Cubos de hielo, según sea necesario
- Agua, según sea necesario
- 2 cucharaditas de chocolate negro
- 1/4 de taza de nueces picadas
- 2/3 taza de proteína de chocolate a base de proteína en polvo

Instrucciones:

1. Reúne todos los ingredientes y agréguelos en una licuadora.
2. Licúe durante 30 a 40 segundos o hasta que quede suave y cremoso.
3. Vierta en 2 vasos y sirva.

Batido de cereza Tabasco

Número de porciones: 2

Valores nutricionales por porción:

Calorías – 232, Grasa – 2g, Hidratos – 28 g, Fibra – 3.5 g, Proteína – 26 g

Ingredientes:

- 1 plátano en rodajas, congelado
- 1 taza de cerezas, deshuesadas
- 2 cucharaditas de salsa Tabasco
- 1/2 taza de leche de almendras, sin endulzar
- Cubos de hielo, según sea necesario
- Jugo de 1/2 lima
- 2 cucharadas de proteína lisa en polvo
- Agua, según sea necesario

Instrucciones:

1. Reúne todos los ingredientes y agréguelos en una licuadora.
2. Licúe durante 30 a 40 segundos o hasta que quede suave y cremoso.
3. Vierta en 2 vasos y sirva.

Batido quema grasa

Número de porciones: 1

Valores nutricionales por porción:

Calorías – 215, Grasa – 8.3 g, Carbohidrato – 37 g, Fibra – 5.4 g, Proteína – 4.4 g

Ingredientes:

- 1 taza de espinacas picadas
- 1 tallo de apio picado
- 1/2 pomelo, pelado, separado en segmentos, desembrado
- 1 aguacate pequeño, pelado, deshuesado, picado
- Un puñado de hojas frescas de menta
- 1/2 taza de té verde preparado, enfriado
- 1 taza de trozos de piña congelados
- Una pizca de pimienta de cayena pizca (opcional)

Instrucciones:

1. Reúne todos los ingredientes y agréguelos en una licuadora.
2. Licúe durante 30 a 40 segundos o hasta que quede suave y cremoso.
3. Vierta en un vaso y sirva.

Batido ideal de pérdida de peso

Número de porciones: 2

Valores nutricionales por porción:

Calorías – 331, Grasa – 24 g, Carbohidrato – 31 g, Fibra – 11 g, Proteína – 4 g

Ingredientes:

- 1 aguacate mediano
- 2 tazas de agua
- 2 cucharadas de semillas de chía
- 1 taza de arándanos, frescos o congelados
- 1 cucharada de aceite de coco
- 1 cucharada de miel o gotas de Stevia (opcional)
- 1/2 cucharadita de canela en polvo

Instrucciones:

1. Reúne todos los ingredientes y agréguelos en una licuadora.
2. Licúe hasta que quede suave.
3. Vierta en 2 vasos y sirva con hielo triturado si lo desea.
4. Durante la primera semana añadir sólo la mitad de la cucharada de aceite de coco por batido. Puede aumentarlo gradualmente a una cucharada por batido después de una semana.

Batido de remolachas verdes

Número de porciones: 2

Valores nutricionales por porción:

Calorías – 84, Grasa – 1.5 g, Carbohidrato – 18 g, Fibra – 4 g, Proteína – 2 g

Ingredientes:

- 3/4 de taza de leche de almendras, sin endulzar
- 1 taza de remolacha verde, deseche los tallos duros, picados
- 3.5 onzas de remolacha cruda, pelada picada
- Jugo de media naranja
- 3/4 de taza de bayas mezcladas, congeladas
- 1 plátano pequeño, en rodajas, congelado

Instrucciones:

1. Reúne todos los ingredientes y agréguelos en una licuadora.
2. Licúe durante 30 a 40 segundos o hasta que quede suave y cremoso.
3. Vierta en 2 vasos y sirva.

Batido proteico de linaza y espinaca

Número de porciones: 2

Valores nutricionales por porción: Batido grande

Calorías – 231, Grasa – 8 g, Carbohidrato – 23 g, Fibra – 9 g, Proteína – 19 g

Ingredientes:

- 2 tazas de leche de almendras, sin endulzar
- 1/2 taza de trozos de mango congelados
- 1 plátano, pelado, en rodajas
- 1/2 taza de trozos de piña congelada
- 2 cucharadas de semillas de chía (opcional)
- 2 cucharadas de harina de lino (opcional)
- 2 tazas de espinacas bebé
- 2 cucharadas de proteína de vainilla en polvo

Indicaciones:

1. Reúne todos los ingredientes y añade todos los ingredientes a una licuadora.
2. Licúe hasta que quede suave y cremoso.
3. buscar e2 vasos y servir.
4. Sirva con hielo triturado.

Batido de pérdida de peso de baya y pera

Número de porciones: 4

Valores nutricionales por porción: porción grande

Calorías – 354, Grasa – 9.3 g, Carbohidrato – 61.6 g, Fibra – 19 g, Proteína – 13 g

Ingredientes:

- 2 peras, sin corazón, peladas, picadas
- 1/2 aguacate maduro, pelado, deshuesado, picado
- 2 tazas de espinacas rasgadas
- 2 kiwis, pelados, picados
- 2 tazas de frambuesas congeladas
- 6 onzas de yogur griego de vainilla sin grasa
- 4 tazas de agua fría

Indicaciones:

1. Reúne todos los ingredientes y agrega en una licuadora y mezcla hasta que quede suave.
2. Vierta en 4 vasos y sirva.
3. Sirva con hielo triturado.

Batido de linaza, soja y melón

Número de porciones: 2

Valores nutricionales por porción: porción grande

Calorías – 105, Grasa – 2.9 g, Carbohidrato – 14.6 g, Fibra – 1.9 g, Proteína – 5.0 g

Ingredientes:

- 1 taza de melón de roca en cubos + extra para decorar
- 1 cucharada de semillas de lino
- 1 taza de leche de soja
- 1/2 taza de hielo triturado, para servir (opcional)

Instrucciones:

1. Agregue todos los ingredientes en una licuadora y mezcle hasta que quede suave.
2. Vierta en 2 vasos y sirva adornado con rodajas de melón de roca.
3. Sirva con hielo triturado si lo desea.

batido de fresa de bajo nivel de azúcar

Número de porciones: 4

Valores nutricionales por porción: 1 taza

Calorías – 350, Grasa – 11 g, Carbohidrato – 42 g, Fibra – 14 g, Proteína – 22 g

Ingredientes:

- 2 tazas de espinacas picadas
- 10 fresas + rodajas de fresa para decorar
- 2/3 taza de avena cocida
- 1/2 taza de yogur griego natural
- 2 cucharadas de semillas de chía
- 2 tazas de leche
- Stevia al gusto

Instrucciones:

1. Reúne todos los ingredientes y agréguelos en una licuadora.
2. Licúe hasta que quede suave y cremoso.
3. Vierta en vasos altos.
4. Decorar con rodajas de fresa y servir con hielo triturado.

Capítulo tres: Revueltos veganos

Migas

Número de porciones: 2

Valores nutricionales por porción:

Calorías – 334, Grasa – 14 g, Hidratos de carbono – 42 g, Fibra – 7 g, Proteína – 14 g

Ingredientes:

<u>Para Salsa Ranchera:</u>

- 3 tomates grandes maduros
- 1-2 jalapeño
- 4 dientes de ajo, sin pelar
- 1/2 cucharadita de sal
- 1 cucharada de aceite de canola o aceite de girasol

<u>Para Migas Veganas:</u>

- 1/2 paquete (de un paquete de 14 onzas) tofu suave, escurrido, prensado de exceso de humedad, desmenuzado
- 1 1/2 tortillas de maíz razonados, cortadas en tiras
- 3 chiles jalapeños o serranos, finamente picados,
- Sal al gusto
- 1 tomate de ciruela cortado en cubos
- 1 cucharada de aceite de canola, dividido
- 1/8 cucharadita de cúrcuma molida
- 2 cebolletas, recortadas, picadas
- 1/2 cucharadita de chile chipotle molido
- 1/4 de taza de queso no lácteo rallado
- 4 tortillas de maíz, calentadas de acuerdo con las instrucciones del envase
- Un puñado de cilantro fresco, picado

Instrucciones:

1. Para hacer Salsa Ranchera: Coloca una sartén de hierro fundido a fuego medio. Agregue los tomates, el ajo y los chiles. Cocine hasta que la piel del tomate, el chile y el ajo estén carbonizados. Convierte los tomates, el ajo y los chiles entre un par de veces. Quítelos uno por uno mientras se carbonizarán y colóquelos en un plato. Deja que se enfríe por unos minutos.

2. Pelar el ajo y añadir en una licuadora. También agregue el tomate carbonizado y los chiles. Licúe los ingredientes hasta que queden suaves.

3. Vuelva a colocar la sartén a fuego medio. Agregue aceite. Cuando el aceite se caliente, agregue la mezcla. Agregue la sal y mezcle bien. Cocine hasta que la mezcla esté espesa.

4. Retirar del fuego y transferir a un tazón. Cubrir y reserva. Use tanto como sea necesario y refrigere el resto para la próxima vez o para cualquier otra receta.

5. Para hacer Migas veganas: Coloca una sartén antiadherente sobre una llama mediana. Agregue 1/2 cucharadita de aceite. Gire la sartén para esparcir el aceite. Agregue las tiras de tortilla y cocine hasta que la parte inferior esté crujiente y dorada en color. Gire las tiras y cocine hasta que estén crujientes. Retirar de la sartén y reservar en un plato.

6. Vuelva a colocar la sartén en el fuego. Agregue el aceite restante. Cuando el aceite se caliente, agregue el tofu y saltee durante un par de minutos.

7. Añadir cúrcuma, chiles, chile chipotle en polvo, cebolletas y sal. Revuelva con frecuencia y cocine hasta que esté casi seco.

8. Agregue el cilantro, el queso, los tomates y las tiras de tortillas crujientes. Saltee durante un par de minutos hasta que el queso se derrita.

9. Para servir: Coloque 2 tortillas en el plato de. Divida la mezcla de tofu entre las tortillas. Sirva aproximadamente 1/4 de taza de Salsa Ranchera en cada uno de los platos.

Tofu revuelto con col rizada

Número de porciones: 2

Valores nutricionales por porción:

Calorías – 210, Grasa – 7g, Carbohidrato– 21 g, Fibra – 4.7 g, Proteína – 20.6 g

Ingredientes:

- 1 cucharada de aceite de oliva virgen extra
- 1 pimiento rojo pequeño, picado
- 1 diente de ajo picado
- Pimienta recién molida al gusto
- Sal kosher al gusto
- 1/2 paquete (de un paquete de 14 onzas) tofu firme o extra firme, prensado de exceso de humedad, desmenuzado
- 2 cucharadas de levadura nutricional
- 4 onzas de champiñones, en rodajas
- 1/2 cucharadita de comino molido
- 3/4 -1 cucharadita de pimentón ahumado
- 1/2 manojo de col rizada (alrededor de 6 onzas), desechar tallos duros y costillas, picados

Instrucciones:

1. Coloque un s wok sobre una llama media-alta. Agregue aceite. Cuando el aceite esté caliente, agregue el pimiento rojo y cocine durante un minuto.
2. Agregue el ajo y saltee hasta que quede fragante. Agregue el champiñones, la sal y la pimienta. Saltee por un par de minutos.
3. Agregue el tofu y el calor a fondo.
4. Baje el fuego a fuego medio. Agregue la col rizada y mezcle bien. Espolvoree un poco de agua si lo desea.
5. Cubra y cocine hasta que la col rizada esté tierna. Revuelva con frecuencia.
6. Agregue la levadura nutricional, la sal y la pimienta. Cocine durante un par de minutos y sirva.

Revuelto de tofu champiñones y pimientos

Número de porciones: 1

Valores nutricionales por porción:

Calorías – 134, Grasa – 6 g, Hidratos de carbono – 7 g, Fibra – 1 g, Proteína – 12 g

Ingredientes:

- 1/2 taza + 2 cucharadas de tofu firme, prensado de exceso de humedad, desmenuzado
- 1/4 pimiento rojo
- 1/2 taza de champiñones en rodajas
- Sal al gusto
- 1/4 de cucharadita de sal rosa del Himalaya
- Pimienta al gusto
- 1/8 cucharadita de cúrcuma en polvo
- 1/2 cucharadita de aceite de canola
- Perejil picado para decorar

Instrucciones:

1. Coloque una sartén a fuego medio. Agregue el pimiento, el champiñones y aproximadamente 1/4 de cucharadita de sal y revuelva. Cocine hasta que esté tierno. Empuje las verduras hacia un lado de la sartén.
2. Agregue aceite en el centro de la sartén. Cuando el aceite se calienta, añadir tofu, pimienta de cúrcuma y sal negra y saltear durante unos minutos. Revuelva con frecuencia.
3. Decorar con perejil y servir.

Croqueta de batata

Número de porciones: 3

Valores nutricionales por porción: 1 hachís marrón

Calorías – 103, Grasa – 7g, Hidratos – 9 g, Fibra – 1 g, Proteína – 1 g

Ingredientes:

- 2 1/2 tazas de batatas peladas y ralladas
- 2 dientes pequeños de ajo, pelados, rallados
- 1/4 de cucharadita de sal o al gusto
- 1 1/2 cucharadas de aceite de oliva virgen extra, dividido
- 1/4 de cucharadita de pimienta o al gusto

Instrucciones:

1. Agregue 1/2 cucharada de aceite y el resto de los ingredientes en un tazón y mezcle bien.
2. Divida la mezcla en 3 porciones iguales y forma en empanadas.
3. Coloque una sartén de hierro fundido o cualquier otra sartén a fuego medio-alto. Agregue el aceite restante. Cuando el aceite se caliente, gire la sartén.
4. Baje el fuego a medio-bajo y coloque las empanadas de hachís en él.
5. Cocine hasta que la parte inferior esté dorada. Voltee los lados y cocine el otro lado hasta que estén dorado.
6. Retire con una cuchara ranurada y colóquela en un plato forrado con toallas de papel.
7. Servir caliente.

Croquetas de Manzana Dulce y papas

Número de porciones: 2

Valores nutricionales por porción: Sin corazones de cáñamo

Calorías – 97, Grasa – 1 g, Hidratos de carbono – 19 g, Fibra – 3 g, Proteína – 1 g

Ingredientes:

- 1 batata grande, en cubos
- 1 cucharadita de aceite de coco
- 1 manzana pequeña, sin corazón, pelada, picada
- 1/2 cucharada de salvia picada
- 1/2 cucharadita de sal
- 1/4 de cucharadita de ajo en polvo
- Pimienta al gusto
- Corazones de cáñamo para servir (opcional)

Instrucciones:

1. Coloque una sartén a fuego medio. Agregue el aceite y deje que se derrita.
2. Agregue las manzanas, la salvia y la batata y mezcle bien. Cocine hasta que las batatas estén tiernas.
3. Sazonar con sal y pimienta. Cocine hasta que las batatas estén suaves.
4. Divida en platos y sirva con corazones de cáñamo si lo desea.

Croqueta vegetal mezclado

Número de porciones: 2-3

Valores nutricionales por porción: 1 taza

Calorías – 120, Grasa – 3.5 g, Carbohidrato – 21 g, Fibra – 3 g, Proteína – 3.5 g

Ingredientes:

- 6 onzas de papas nuevas pequeñas, sin pelar
- 1/2 cucharadita de romero fresco picado, dividido
- 1 taza de brócoli rallado
- 3 cucharadas de pimiento rojo picado
- 3 cucharadas de pimiento verde picado
- 1/2 calabaza de bellota pequeña, pelada, en cubos (1/4 de pulgada)
- Sal al gusto
- Spray de cocción de aceite de oliva
- Pimienta recién molida, al gusto
- 1 cucharadita de jugo de limón fresco
- 2 cucharaditas de aceite de oliva, dividido

Instrucciones:

1. Rocíe un plato para hornear con spray de cocción. Coloque las papas y la calabaza en el plato para hornear. Espolvorea 1 cucharadita de aceite, sal, pimienta y la mitad del romero sobre él. Revuelve bien y esparce uniformemente en el plato.
2. Asar en un horno precalentado a 425 oF durante unos 25-35 minutos hasta que esté tierno. Revuelva un par de veces mientras asa.
3. Coloque una sartén antiadherente a fuego medio-alto. Agregue 1 cucharadita de aceite. Cuando el aceite esté caliente, agregue todos los pimientos y el brócoli y saltee durante un minuto.
4. Agregue la mezcla de papas .
5. Agregue el resto de los ingredientes y sofríe durante un par de minutos.
6. Divida en platos y sirva.

Pasteles de Papa en Croqueta

Número de porciones: 4

Valores nutricionales por porción: 1 torta

Calorías – 59, Grasa – 2 g, Hidratos – 9 g, Fibra – 1 g, Proteína – 1 g

Ingredientes:

- 1 libra de papas rojas redondas, peladas, ralladas
- 1/2 cucharada de aceite de oliva
- Sal o al gusto
- 1 cebolla pequeña, descuartizada, cortada en rodajas finas
- 1 cucharadita de tomillo fresco 1/4 cucharadita de tomillo seco y triturado
- Pimienta negra recién molida
- Spray de cocina

Instrucciones:

1. Coloque las papas en un colador. Enjuague las patatas con agua fría inmediatamente después de triturarlas. Déjalo en el colador durante 15 minutos. Presione ligeramente y colóquelas sobre las toallas de papel para secarlas. Transfiera a un tazón.
2. Agregue la cebolla, el aceite, el tomillo, la sal y la pimienta en el tazón de patatas.
3. Coloque una sartén antiadherente a fuego medio. Rocíe con spray de cocción.
4. Coloque 1/4 de la mezcla en la sartén. Presione ligeramente la mezcla con una espátula. Coloque 2-3 pasteles más similares en la sartén.
5. Cocine hasta que la parte inferior esté dorada. Voltee los lados. Cocine el otro lado hasta que estén dorados.
6. Cuando haya terminado, transfiera a una bandeja para hornear para mantener el calor o servir inmediatamente.

Papa, espárragos y croquetas de setas

Número de porciones: 2

Valores nutricionales por porción: 1-1/4 tazas

Calorías – 239, Grasa – 11 g, Hidratos de carbono – 29 g, Fibra – 4 g, Proteína – 5 g

Ingredientes:

- 1/2 libra de papas nuevas o bebés, fregados, cortados en 2 mitades si son grandes en tamaño
- 1/2 libra de espárragos, recortados, cortados en trozos de 1/2 pulgada
- 1/2 cebolla pequeña, picada
- 1/4 de cucharadita de sal o al gusto
- Un puñado de cebollino fresco, picado para decorar
- 1 1/2 cucharadas de aceite de oliva virgen, dividido
- 2 onzas de tapas de champiñones shiitake u otras setas, cortadas en rodajas
- 1 diente pequeño de ajo, pelado, picado
- 1/2 cucharada de salvia fresca picada
- 1/4 de taza de pimiento rojo asado (de frasco), en rodajas
- Pimienta recién molida al gusto

Instrucciones:

1. Coloque una olla con agua (aproximadamente 1 1/2 pulgadas de la parte inferior de la olla) a fuego medio. Coloque una cesta de vapor en ella. Coloque las patatas en ella y cúbralas con una tapa. Cocine hasta que sea tierno. No debe estar demasiado cocido.
2. Escurra las patatas y cuando esté lo suficientemente frío como para manejarlo, corte en trozos de 1/2 pulgada.
3. Coloque una sartén antiadherente a fuego medio. Agregue 1/2 cucharada de aceite. Cuando el aceite se caliente, agregue los espárragos, el ajo y los champiñones y cocine hasta que estén claros. Transfiera a un plato.
4. Coloque la sartén sobre el calor. Agregue el aceite restante. Cuando el aceite esté caliente, agregue la cebolla y la patata y cocine hasta que se dore. Raspa

la parte inferior de la sartén para eliminar los trozos dorados que puedan estar atascados.

5. Agregue la mezcla vegetal a la sartén. También agregue el pimiento rojo asado, la sal, la pimienta y la salvia y mezcle bien. Calienta bien.
6. Decorar con cebollino y servir.

Capítulo Cuatro: Tazones de desayuno

Tazón de Pitaya

Porciones: 1

Ingredientes:

Para el batido:

- 1/2 taza de puré Pitaya congelado o fresco (fruta de dragón)
- 2 cucharadas de semillas de chía
- 1/3 taza de trozos de piña congelada
- Una pizca de sal
- 1/2 cucharada de néctar de agave ligero
- 1 cucharada de coco rallado sin endulzar tostado
- 1/4 de plátano, en rodajas
- 1 cucharada de nueces de pistacho sin sal tostadas

Instrucciones:

1. Agregue la piña, la mitad de la Pitaya, la sal y el néctar de agave en una licuadora y mezcle hasta que quede suave.

2. Vierta en un tazón. Agregue las semillas de chía y mezcle bien.
3. Refrigere durante al menos 15-30 minutos.
4. Cubra con rodajas de plátano y fresa. Decorar con coco y nueces de pistacho y servir.

Tazón de batido de melón

Número de porciones: 1

Valores nutricionales por porción:

Calorías – 135, Grasa – 1 g, Hidratos de carbono – 32 g, Fibra – 3 g, Proteína – 3 g

Ingredientes:

Para el batido:

- 2 tazas de melón congelado en cubos
- Un poco de sal
- 6 cucharadas de jugo de zanahoria fresca

Para la cobertura:

- Un puñado de bolas de melón
- 1 cucharada de nueces picadas
- Un puñado de bayas de su elección
- 2-3 hojas de albahaca, desgarradas

Instrucciones:

1. Agregue todos los ingredientes para el batido en una licuadora y mezcle hasta que quede suave.
2. Vierta en un tazón.
3. Coloque los ingredientes en la parte superior y sirva.

Bol de yogur de chía

Número de porciones: 3

Valores nutricionales por porción:

Calorías – 103, Grasa – 3 g, Hidratos de carbono – 15 g, Fibra – 3 g, Proteína – 10 g

Ingredientes:

Para un tazón de yogur:

- 1 taza de yogur griego sin grasa
- 2 cucharadas de semillas de chía
- 1 1/2 cucharadas de miel o néctar de agave o jarabe de arce
- 3/4 de taza de leche de su elección
- 1 cucharadita de extracto de vainilla

Para cobertura:

- Un puñado de arándanos
- 1 cucharadita de semillas de chía
- 3 cucharaditas de nueces
- 1/2 cucharadita de ralladura de limón rallada

Instrucciones:

1. Agregue todos los ingredientes para el tazón de yogur en un tazón de mezcla. Batir bien.
2. Enfríe durante 4-8 horas.
3. Divida en 3 cuencos.
4. Divida los ingredientes entre los cuencos y sirva.

Tazón de Quinoa de Desayuno

Número de porciones: 2

Valores nutricionales por porción: Sin coberturas

Calorías – 292, Grasa – 9 g, Hidratos de carbono – 44 g, Fibra – 5 g, Proteína – 10 g

Ingredientes:

- 1/2 taza de quinua, enjuagada, escurrida
- Sal al gusto
- 1 plátano maduro de tamaño mediano
- 1 1/2 cucharadas de cacao en polvo
- 1 taza de agua
- 6 cucharadas de leche no láctea de su elección
- 2 cucharadas de mantequilla de maní
- 1 1/2 cucharadas de jarabe de arce

Instrucciones:

1. Agregue agua a una olla. Coloque la olla a fuego alto. Cuando el agua comience a hervir, baje el fuego a fuego lento y agregue quinua y sal. Cubra y cocine hasta que se seque.
2. Agregue el resto de los ingredientes y revuelva. Calienta bien.
3. Cuchara en cuencos. Sirva con los ingredientes de su elección.

Desayuno de trigo sarraceno

Número de porciones: 2

Valores nutricionales por porción:

Calorías – 244, Grasa – 3 g, Carbohidrato – 53 g, Fibra – NA, Proteína – 7 g

Ingredientes:

Para el tazón:

- 1/2 taza de trigo sarraceno sin cocinar, enjuagado
- 1/2 cucharadita de canela molida
- 1 taza de leche de almendras casera
- 2 dátiles, deshuesados, finamente picados
- 1 taza de agua

Para coberturas:

- 1 cucharada de grosellas secas
- 1 cucharada de coco rallado sin endulzar
- 1/2 cucharadita de canela molida
- 1 cucharada de nueces picadas

Instrucciones:

1. Agregue el trigo sarraceno y el agua en una cacerola. Coloque la cacerola a fuego medio. Cocine hasta que esté suave. Apaga el fuego.
2. Agregue la leche en otra cacerola. Coloque la cacerola a fuego medio-bajo. Agregue las dátiles, el trigo sarraceno y la canela y revuelva.
3. Cocine a fuego lento hasta que quede grueso. Revuelva con frecuencia una vez que comience a espesar.
4. Divida en 2 cuencos.
5. Espolvorea la cobertura en la parte superior y servir.

tazón de verduras asadas con aderezo de mantequilla de almendras

Número de porciones: 2

Valores nutricionales por porción:

Calorías – 450, Grasa – 18.5 g, Carbohidrato – 45.7 g, Fibra – 14 g, Proteína – 12.1 g

Ingredientes:

Para verduras asadas:

- 2 cabezas pequeñas de brócoli, cortadas en floretes
- 1 diente de ajo picado
- Sal al gusto
- Pimienta al gusto
- 1 batata grande, pelada, picada en cubos pequeños
- 1/2 cucharada de aceite de sésamo o aceite de oliva

Para el arroz de mango y coco:

- 1 cucharadita de aceite de coco sin refinar
- 1/2 taza de agua
- 1 mango maduro medio, pelado, deshuesado, cortado en cubos
- 1/2 taza de leche de coco o leche de almendras (de cartón), sin endulzar
- 1/2 taza de arroz integral sin cocinar, enjuagado

Para el aderezo de mantequilla de almendras:

- 2 cucharadas de mantequilla de almendra cremosa natural
- 1 cucharadita de jarabe de arce puro
- 1/2 cucharadita de aceite de sésamo tostado o aceite de coco o aceite de oliva derretido
- 2 cucharadas de jugo de naranja fresco
- 1/2 cucharadita de vinagre de sidra de manzana

Para decorar:

- 1 cebolla verde, en rodajas finas

- 2 cucharaditas de semillas de sésamo tostadas
- Un puñado de cilantro, picado

Instrucciones:

1. Para el arroz de coco y mango: Coloque una olla a fuego medio-alto. Agregue el aceite de coco. Cuando el aceite se derrita, agregue el arroz y sofríe durante 3-4 minutos hasta que se tose ligeramente y se vuelva opaco. Revuelva con frecuencia.

2. Agregue agua y leche de coco. Cuando empiece a hervir, baje el fuego y cúbralo con una tapa.

3. Cocine hasta que se seque. Tardará unos 30 minutos. Apague el fuego y déjelo cubierto durante 10 minutos. Esponjo el arroz con un tenedor. Reserva durante 10 minutos. Agregue el mango y la sal y revuelva ligeramente hasta que las piezas de mango se distribuyan uniformemente en el arroz.

4. Mientras tanto, haga las verduras asadas de la siguiente manera: Coloque una hoja de papel de pergamino en una bandeja para hornear.

5. Coloque las batatas en un tazón seguro para microondas. Microondas en alto durante 3 minutos.

6. Transfiera a la bandeja para hornear preparada.

7. Coloque los floretes de brócoli en la bandeja para hornear. Esparce las batatas y el brócoli en una sola capa. Espolvorea el ajo sobre él.

8. Asar en un horno precalentado a 3750 F durante unos 20-25 minutos o hasta que esté tierno. Gire las verduras a mitad de camino a través del asado.

9. Para hacer el aderezo: Agregue todos los ingredientes para vestirlos en un tazón y batir bien. Pruebe y ajuste los condimentos si lo desea.

10. Para organizar los cuencos: Divida el arroz de mango de coco en 2 cuencos. Esparce las verduras asadas sobre el arroz.

11. Rocía el apósito en la parte superior.

12. Decorar con cilantro, cebolla verde y semillas de sésamo y servir.

Tazon de vegetales verdes y chimichurri cremoso

Número de porciones: 2

Valores nutricionales por porción:

Calorías – 168, Grasa – 8 g, Carbohidrato – 19 g, Fibra – 10 g, Proteína – 9 g

Ingredientes:

Para tazón vegetariano:

- 1 coliflor de cabeza pequeña, cortada en 2-3 rodajas
- 1/2 manojo de espárragos, cortados en trozos del tamaño de la mordida
- 1 coliflor mediana, cortada en 2-3 rodajas
- 2 1/2 tazas de hojas de espinacas frescas
- 1/4 de taza de semillas de girasol asadas
- 1/2 taza de brotes de guisantes
- Sal a taste
- Pimienta al gusto

Para chimichurri cremoso:

- 1/2 aguacate pelado, deshuesado, picado
- 1/2 taza de hojas frescas de cilantro (no utilice tallos)
- 1/2 cucharadita de orégano seco
- 2 dientes pequeños de ajo, pelados
- 1/4 de cucharadita de sal o al gusto
- 2-3 cucharadas de agua
- 3/4 de taza de hojas planas de perejil (no utilice tallos)
- Jugo de medio limón
- 1/4 de cucharadita de hojuelas de pimiento rojo

Instrucciones:

1. <u>Para el tazón:</u> Precaliente una parrilla a fuego medio. Engrase las rejillas de la parrilla. Coloque las rodajas de coliflor y las rodajas de brócoli en la parrilla y parrilla durante 12-15 minutos.

2. Voltee los lados y asar el otro lado durante 12-15 minutos. Debe estar bien a la parrilla, pero no quemado. También se puede asar en un horno a 4000F durante unos 20-25 minutos o hasta que esté tierno. Gire las verduras a mitad de camino a través del asado.

3. Mientras tanto, haga chimichurri de la siguiente manera: Agregue todos los ingredientes para chimichurri en una licuadora y mezcle hasta que quede suave. Transfiera a un tazón. Cubrir y reservar por un tiempo para que los sabores se mezclen.

4. Una vez asado, retirar de la parrilla / horno y colocar en una tabla de cortar. Cuando esté lo suficientemente frío como para manejarlo, córtelos en pedazos.

5. Agregue los espárragos, las espinacas, la coliflor y el brócoli en un tazón y revuelve bien. Vierta el chimichurri sobre las verduras y retírelos bien.

6. Divida en 2 cuencos.

7. Esparce brotes de guisantes y semillas de girasol en la parte superior y sirve.

tazón de desayuno de Quinoa, vainilla y de arándanos asados

Número de porciones: 2

Valores nutricionales por porción: 1/2 taza

Calorías – 226, Grasa – 6 g, Carbohidrato – 36 g, Fibra – 5 g, Proteína – 6 g

Ingredientes:

- 1/2 taza de quinua
- 1/2 cucharada de vainilla
- 1/2 cucharada de aceite de coco, derretido
- Sal marina al gusto
- 1 taza de arándanos frescos o congelados + extra para servir
- 1 taza de agua
- 1/2 cucharadita de canela molida
- 1/2 cucharada de extracto de vainilla

Instrucciones:

1. Agregue los arándanos, el aceite y la canela en un tazón y retírelo bien. Transfiera a una bandeja para hornear forrada con papel pergamino.
2. Asar en un horno precalentado a 4000 F durante 12-15 minutos o hasta que esté suave.
3. Agregue el resto de los ingredientes en una cacerola. Coloque la cacerola a fuego medio.
4. Cuando empiece a hervir, baje el fuego y cúbralo con una tapa. Cocine a fuego lento hasta que se seque. Apaga el fuego. Dejar que se quede cubierto durante 5 minutos.
5. Divida la quinua en 2 cuencos. Cubra con los arándanos asados. Espolvorea algunos arándanos frescos en la parte superior y sirve.

Capítulo Cinco: Desayuno a base de plantas Cereales (Avena, Quinua, semillas de chía, etc.)

Mezcla de harina de avena de quinua y chía

Número de porciones: 6

Valores nutricionales por porción: mezcla de avena de 1/3 taza, sin opciones de porción

Calorías – 196, Grasa – 4 g, Carbohidrato – 35 g, Fibra – 6 g, Proteína – 6 g

Ingredientes:

- 1 cup avena a la antigua
- 1/2 taza de quinua
- 1/4 de taza de semillas de chía o semillas de cáñamo
- 1/2 cucharadita de sal
- 1/2 taza de trigo en hojuelas o cebada
- 1/2 taza de fruta seca como pasas, albaricoques picados o arándanos
- 1/2 cucharadita de canela molida

Ingredientes del día del servicio:

- 1 1/4 tazas de agua o leche por porción
- Edulcorante de su elección
- Nueces o frutos secos de su elección
- Cualquier otro ingrediente de su elección

Instrucciones:

1. Agregue todos los ingredientes en un recipiente hermético. Mezcla bien. Cubrir y reservar a temperatura ambiente.
2. Para servir: Añadir 1/3 taza de quinua dentro de una cacerola. Vierta agua o leche y revuelva. Coloque la cacerola a fuego medio.
3. Cuando empiece a hervir, baje el fuego y cubra parcialmente con una tapa. Cocine hasta que esté espeso. Revuelve de vez en cuando.
4. Apague el fuego y cubra la cacerola completamente. Déjalo sensato durante 5 minutos.

5. Agregue el edulcorante y mezcle bien. Transfiera a un tazón. Coloque los ingredientes sugeridos o cualquier otro ingrediente de su elección y sirva.

Granola

Numero de porciones: 7

Valores nutricionales por porción: 1/4 de taza de granola, sin opciones de porción

Calorías – 93, Grasa – 6 g, Carbohidrato – 9 g, Fibra – 1 g, Proteína – 3 g

Ingredientes

- 3/4 de taza de avena en hojuelas
- 1/4 de taza de semillas de sésamo o semillas de girasol
- 1 cucharada de aceite de coco derretido
- 1/4 de taza de semillas de calabaza
- 1 cucharada de miel o néctar de agave o jarabe de arce

Ingredientes del día del servicio:

- 1/2 taza de yogur griego o yogur de soja o yogur de anacardos por porción
- coberturas de su elección

Instrucciones:

1. Agregue todos los ingredientes en un tazón y revuelva hasta que estén bien combinados.
2. Transfiera a una línea de bandeja para hornear con papel pergamino. Extiéndelo uniformemente.
3. Hornee en un horno precalentado a 3500 F durante unos 15 minutos. Revuelva una vez, a mitad de la cocción.
4. Retirar del horno y enfriar completamente. Pasar a un recipiente hermético. Conservar a temperatura ambiente. . Puede durar unos 15 días.
5. Para servir: Tomar 1/2 taza de yogur en un tazón. Agregue 1/4 de taza de granola y coberturas de su elección y sirva.

Granola de avena-nuez

Número de porciones: 5

Valores nutricionales por porción: 1/3 taza de granola con yogur pero sin coberturas

Calorías – 269, Grasa – 9 g, Hidratos de carbono – 35 g, Fibra – 4 g, Proteína – 13 g

Ingredientes:

- 1 taza de avena enrollada regular
- 6 cucharadas de cereal escalonado o cereal de trigo hojaldre
- 1/2 taza de hojuelas de cereal de salvado
- 3 cucharadas de nueces picadas
- 1 cucharada de aceite de canola
- Una sal de pellizco
- 3 cucharadas de jarabe para panqueques ligeros o sin azúcar
- 1/2 cucharadita de canela molida
- Spray de cocina

Ingredientes del día del servicio:

- 1/2 taza de yogur por porción
- coberturas de su elección

Instrucciones:

1. Engrase un plato para hornear con spray de cocción.
2. Agregue todos los cereales y nueces en un tazón y revuelva.
3. Agregue el jarabe, el aceite, la sal y la canela en un tazón y revuelva. Vierta sobre el cereal y retírelo hasta que estén bien combinados.
4. Esparcirlo uniformemente en el plato.
5. Hornee en un horno precalentado a 3500 F durante unos 15 minutos. Revuelva una vez, a mitad de la cocción.
6. Retirar del horno y enfriar completamente. Pasar a un recipiente hermético. Conservar a temperatura ambiente. . Puede durar unos 15 días.

7. Para servir: Tome 1/2 taza de yogur en un tazón. Agregue 1/3 taza de granola y coberturas de su elección y sirva.

Barra de Granola Crujiente

Número de porciones: 4

Valores nutricionales por porción:

Calorías – 279, Grasa – 9 g, Carbohidrato – 47 g, Fibra – 5 g, Proteína – 6 g

Ingredientes:

- 1/2 taza de avena en hojuelas
- 1/2 taza de semillas de girasol
- 1/2 taza de hojuelas de trigo
- 4 cucharadas de miel o néctar de agave o jarabe de arce
- Una pizca de sal
- 1/2 taza de arándanos secos
- Spray de cocina

Instrucciones:

1. Coloque las hojuelas de trigo, la avena y las semillas de girasol en una bandeja para hornear. Extiéndelo uniformemente.
2. Hornee en un horno precalentado a 4000 F hasta que sea aromático y marrón claro.
3. Engrase un pastel de 6 pulgadas con spray decocción.
4. Agregue la miel en una cacerola pequeña y caliente hasta que aparezcan grandes burbujas. Apaga el fuego.
5. Agregue la mezcla de avena, sal y arándanos inmediatamente en la miel. Mezcle hasta que esté bien incorporada y la mezcla de cereales esté bien recubierta con la miel
6. Cuchara en el pastel. Engrase una espátula con un poco de aceite y alise la mezcla en la sartén.
7. Déjalo reposar 30 minutos. Cortar en 4 barras y colocar en una rejilla de alambre.
8. Enfríe completamente.

Tazón de avena

Número de porciones: 2

Valores nutricionales por porción:

Calorías – 347, Grasa – 13.9 g, Carbohidrato – NA g, Fibra – 16.6 g, Proteína – 11.6 g

Ingredientes:

- 1/2 taza de avena cortada en acero
- 1 plátano pequeño (opcional), en rodajas
- 2 cucharaditas de semillas de calabaza crudas
- 2 cucharaditas de azúcar de coco o jarabe de arce
- 1 cucharadita de ralladura de naranja rallada (opcional), para decorar
- 2 tazas de leche de almendras
- 1/2 cucharadita de sal
- 1 manzana mediana, cortada en rodajas finas
- 1 cucharadita de semillas de chía
- 1/2 cucharadita de canela molida + extra para decorar

Instrucciones:

1. Coloque una cacerola de fondo pesado sobre el calor alto. Agregue la leche de almendras y la avena y revuelva.
2. Agregue la sal y revuelva. Cuando empiece a hervir, baje el fuego y cocine hasta que esté suave.
3. Agregue la canela y revuelva. Apaga el fuego.
4. Divida en 2 cuencos.
5. Agregue el resto de los ingredientes y revuelva. Decorar con ralladura de naranja y canela y servir.

Avena,mantequilla de mani y Chocolate horneados

Número de porciones: 6

Valores nutricionales por porción: 1 muffin

Calorías – 155, Grasa – 5 g, Carbohidrato – 21 g, Fibra – 4 g, Proteína – 6 g

Ingredientes:

- 1 cucharada de semillas de chía
- 3 cucharadas de agua
- 1/2 taza de leche de anacardo o leche de almendras o de coco, sin endulzar
- 2 cucharadas de jarabe de arce puro o 7-8 gotas de Stevia líquida
- 1 1/2 tazas de avena a la antigua
- 1/2 cucharada de proteína de chocolate a base de plantas en polvo
- 3 plátanos pequeños a medianos sobre madurados en pure
- 2 cucharadas de mantequilla de maní cremosa
- 1/4 cucharadita de extracto de vainilla
- 1 cucharada de cacao en polvo
- Una pizca de sal
- 1/2 cucharada de polvo de hornear

Instrucciones:

1. Engrase un molde de muffin de 6 moldes con spray de cocción.
2. Para hacer huevos de chía: Agregue las semillas de chía y el agua en un tazón. Revuelve y reserva para enfriar un rato. En su lugar, puedes usar 1 huevo grande si no tienes problemas para incluir huevos en tu dieta.
3. Agregue los plátanos, la leche, la mantequilla de maní , el jarabe de arce o la Stevia y la vainilla en un tazón y mezcle bien.
4. Agregue la mezcla de semillas de chía y mezcle bien.
5. Agregue todos los ingredientes secos en otro tazón y revuelva. Añadir en el tazón de ingredientes húmedos y mezclar bien.
6. Vierta en la sartén preparada. Llenar hasta 3/4.
7. Hornee en un horno precalentado a 350 F durante unos 20-25 minutos o hasta que un palillo de dientes cuando se inserte en el centro salga limpio.
8. Enfríe en una rejilla de alambre. Retirar de los moldes y servir.

9. Los que se dejan en un recipiente hermético en el refrigerador. Puede durar 5-6 días en el refrigerador.

Banana Asado y Avena

Número de porciones: 2

Valores nutricionales por porción:

Calorías – 217, Grasa – 3 g, Carbohidrato – 46 g, Fibra – 7 g, Proteína – 5 g

Ingredientes:

- 1/2 cup avena pasada de moda
- 1 taza + 2 cucharadas de leche de almendras sin endulzar
- 1/2 cucharadita de canela molida
- 2 plátanos muy maduros, pelados

Instrucciones:

1. Alinee una bandeja para hornear con papel pergamino. Coloca los plátanos sobre él. Usando un tenedor, aplasta los plátanos con él.
2. Asar en un horno precalentado a 400 F durante unos 12-15 minutos o hasta que esté nado.
3. Mientras tanto, agregue la avena, la leche y la canela en una cacerola. Coloque la cacerola a fuego medio.
4. Cuando empiece a hervir, baje el fuego y cocine a fuego lento hasta que la avena esté cocida y la mezcla también esté espesa.
5. Apaga el fuego. Agregue el plátano asado junto con los jugos cocidos.
6. Mezcla bien. Divida en cuencos y sirva.

Gachas de manzana y plátano

Número de porciones: 2

Valores nutricionales por porción:

Calorías – 70, Grasa – 2 g, Carbohidrato – 35 g, Fibra – NA, Proteína – 6 g

Ingredientes:

- 8 cucharadas de avena en hojuelas
- 7 cucharadas de bulgur, enjuagado, escurrido
- 1/2 plátano mediano, picado
- 1/2 manzana mediana, sin corazón, picada
- 2 tazas de leche baja en grasa
- 2 cucharadas de mantequilla de equilibrio de la Tierra
- 2 cucharaditas de azúcar en polvo
- 1 taza de agua

Instrucciones:

1. Coloque una sartén con fondo pesado a fuego medio. Añadir equilibrio de la Tierra. Cuando se derrita, agregue el bulgur y saltee durante unos minutos hasta que esté macerado y aromático.
2. Añadir la avena y Cocinar hasta que sea aromático.
3. Agregue la leche y el agua. Cuando empiece a hervir, baje el fuego y cúbralo con una tapa.
4. Cocine a fuego lento hasta que el bulgur esté tierno. La cocción puede tardar unos 30 minutos. Puedes hacerlo en una olla a presión si tienes una. Es mucho más rápido.
5. Agregue el azúcar en polvo y la canela.
6. Divida la rodaja de plátano y manzana por igual entre los cuencos y sirva.

Avena y Coco para la Noche

Número de porciones: 2

Valores nutricionales por porción:

Calorías – 287, Grasa – 8 g, Carbohidrato – 51 g, Fibra – NA, Proteína – 6 g

Ingredientes:

- 2/3 taza de avena en hojuelas
- 1/2 cucharadita de sal
- 2 cucharadas de avellanas
- 2/3 taza de leche de coco, sin endulzar
- 2/3 taza de albaricoques secos y picados
- 2 cucharaditas de jarabe de arce

Instrucciones:

1. Agregue la leche de coco, la avena y la sal en un tazón y revuelva. Cubrir y enfriar durante 8-9 horas.
2. Revuelva y divida en 2 cuencos.
3. Decorar con avellanas y albaricoques.
4. Rocíe el jarabe de arce en la parte superior y sirva.

Avena para la noche aplana vientre

Número de porciones: 2

Valores nutricionales por porción:

Calorías – 336, Grasa – 9.3 g, Carbohidrato – 55.9 g, Fibra – 9.5 g, Proteína – 10.8 g

Ingredientes:

- 1 taza de avena en hojuelas
- 1/2 cucharadita de canela molida
- 1/2 taza de yogur de soja
- 1/2 taza de piña picada
- 2 cucharadas de almendras picadas
- 2 cucharaditas de semillas de chía
- 1 taza de leche de almendra sabor vainilla sin endulzar
- 1/2 banana, en rodajas
- 1/2 taza de arándanos, frescos o congelados

Instrucciones:

1. Divide la avena entre 2 tarros de albañil. Divida la mitad de las semillas de chía y espolvoree sobre la avena. Espolvorea canela en cada frasco.
2. Vierta la mitad de la leche en cada frasco seguido de la mitad del yogur.
3. Capa con la mitad de cada uno - rodajas de plátano, piña, arándanos y almendras en cada frasco. Fije la tapa de los frascos.
4. Revuelva y sirva frío o calor en un microondas y sirva.

Polenta cremosa

Número de porciones: 4

Valores nutricionales por porción:

Calorías – 74, Grasa – 1 g, Hidratos de carbono – 16 g, Fibra – 1 g, Proteína – 2 g

Ingredientes:

- 14 cucharadas de harina de maíz
- 1/2 cucharadita de sal
- 3 tazas de agua fría

Instrucciones:

1. Agregue la harina de maíz, la sal y el agua en una cacerola. Coloque la cacerola a fuego medio.
2. Revuelva constantemente hasta que esté ligeramente espeso.
3. Cubra la sartén con una tapa, parcialmente.
4. Baje el fuego y cocine a fuego lento durante 15-20 minutos o hasta que esté muy espeso. Revuelva con frecuencia.
5. Apaga el que está. Cúbrelo completamente. Déjalo reposar durante 10 minutos.
6. Revuelva y divida en 4 cuencos.
7. Sirva caliente

Sorgo de desayuno de pastel de calabaza

Número de porciones: 2

Valores nutricionales por porción:

Calorías – 221, Grasa – 3g, Hidratos – 47 g, Fibra – 5 g, Proteína – 10 g

Ingredientes:

- 6 cucharadas de puré de calabaza
- 1/2 taza de sorgo, enjuagado
- 1/2 cucharada de especias de pastel de calabaza
- 1/2 taza de leche de almendras, sin endulzar + extra para servir
- 1 cucharada de jarabe de arce puro
- 1/2 cucharadita de extracto puro de vainilla
- 1 taza de agua

Instrucciones:

1. Agregue todos los ingredientes en una sartén de fondo pesado. Mezcla bien.
2. Coloque la sartén a fuego medio. Cuando la mezcla comience a hervir, baje el fuego y cúbralo con una tapa. Revuelva con frecuencia y cocine hasta que esté suave.
3. Divida en 2 cuencos. Sirva con un poco de leche de almendras

Harina de avena y calabaza con chocolate oscuro

Número de porciones: 4

Valores nutricionales por porción:

Calorías – 234, Grasa – 7 g, Hidratos de carbono – 41 g, Fibra – 5 g, Proteína – 5 g

Ingredientes:

- 2 tazas de leche de almendras
- 1 cucharadita de canela molida
- 1/2 cucharadita de clavo de olor molido
- 1/2 cucharadita de nuez moscada molida
- 1 taza de avena en hojuelas
- 2 cucharadas de chocolate negro, sin endulzar
- 4 cucharadas de miel o néctar de agave o jarabe de arce
- 2 cucharadas de almendras cortadas
- 1 taza de puré de calabaza simple
- 2 cucharadas de cerezas secas

Instrucciones:

1. Coloque una cacerola a fuego medio. Agregue la leche de almendras.
2. Cuando empiece a hervir, baje el fuego. Agregue la avena y cocine a fuego lento hasta que la avena esté cocida.
3. Agregue la canela, el clavo de olor, la nuez moscada y el chocolate y cocine hasta que el chocolate se derrita. Revuelva con frecuencia.
4. Agregue la miel y la calabaza y mezcle bien. Caliente bien y retírelo del fuego.
5. Sirva en cuencos. Decorar con almendras y cerezas y servir.

Gachas de tres granos

Número de porciones: 9

Valores nutricionales por porción: mezcla de gachas de 1.8 onzas sin opciones de servir

Calorías – 179, Grasa – 2 g, Hidratos de carbono – 32 g, Fibra – 4 g, Proteína – 7 g

Ingredientes:

- 5.3 onzas de avena
- 5.3 onzas de hojuelas de cebada
- 5.3 onzas de hojuelas de espelta

Ingredientes del día del servicio:

- Fresas rebanadas
- Néctar de agave
- 1 1/2 tazas de leche o agua por porción

Instrucciones:

1. Coloque una sartén a fuego medio. Agregue la avena y tosta ligeramente. Esparce en un tazón y enfría completamente.
2. Del mismo modo, tosta las hojuelas de espelta y las hojuelas de cebada y enfría completamente.
3. Pasar a un recipiente hermético y mezclar bien. Fije la tapa y guárdela a temperatura ambiente.
4. Para servir: Agregue leche o agua y 1.8 onzas de mezcla de gachas (para 1 porción). Coloque la cacerola a fuego medio. Cocine hasta que esté espeso.
5. Vierta en un tazón. Cubra con fresas. Agregue néctar de agave en la parte superior y servir.

Sabrosa harina de avena de anacardos y curry

Número de porciones: 2

Valores nutricionales por porción: 1-1/4 tazas

Calorías – 332, Grasa –11 g, Carbohidrato – 55 g, Fibra – 6 g, Proteína – 9 g

Ingredientes:

- 1 taza de avena en hojuelas
- 2 tazas de agua
- Sal al gusto
- 1/2 cucharadita de curry en polvo
- 1/4 de taza de anacardos picados, tostados
- 1/3 taza de pasas doradas

Instrucciones:

1. Vierta el agua en una cacerola. Agregue sal. Cuando el agua comience a hervir, agregue la avena y mezcle bien.
2. Baje el fuego a fuego lento y cocine hasta que esté casi seco.
3. Remueva del calor. Cubra la cacerola y déjela sentarse durante 2-3 minutos.
4. Agregue el curry en polvo, los anacardos y las pasas y mezcle bien.

Risotto de avena de desayuno

Número de porciones: 2

Valores nutricionales por porción:

Calorías – 223, Grasa – 10 g, Carbohidrato – 31 g, Fibra – NA, Proteína – 9 g

Ingredientes:

- 1 cucharada de aceite de oliva
- 1 diente de ajo picado
- 2 cucharadas de pimiento verde picado
- 1/4 de cebolla pequeña picada
- 1/2 taza de champiñones picados
- 1/2 taza de avena cortada en acero
- 2 tazas y media de agua o más si es necesario
- 1 cucharada de tomates secos al sol picados
- 1/2 cucharadita de orégano seco
- 1/2 cucharadita de albahaca seca
- Un poco de romero seco
- 1 cucharada de levadura nutricional
- Sal al gusto
- Pimienta al gusto

Instrucciones:

1. Coloque en un una sartén de fondo pesado a fuego medio. Agregue aceite. Cuando el aceite se caliente, agregue las cebollas y saltee hasta que esté ligeramente rosado.
2. Agregue el ajo, los champiñones, el pimiento y las hierbas secas.
3. Saltea hasta que los hongos estén marrones. Agregue la avena y revuelva constantemente hasta que esté ligeramente tostada.
4. Agregue los tomates secos y aproximadamente 1 taza de agua. Cuando empiece a hervir, baje el fuego y cúbralo con una tapa.
5. Revuelve a menudo.
6. Agregue otra taza de agua y continúe hirviendo, revolviendo a menudo.

7. Continúe añadiendo agua, un poco a poco hasta que la avena se cocine . Agregue más agua si es necesario.

8. Agregue la levadura nutricional, la sal y la pimienta. Mezclar bien y servir inmediatamente.

Pasteles de Quinoa Crujientes

Número de porciones: 24

Valores nutricionales por porción: 1 torta

Calorías – 90, Grasa – 3.5 g, Carbohidrato – 13 g, Fibra – 2 g, Proteína – 3 g

Ingredientes:

- 3 tazas de quinua cocida
- 2 tazas de col rizada picada (desechar tallos duros y costillas)
- 1 taza de batata rallada
- 1 taza de avena laminada, finamente molida
- 4 cucharadas de semillas de lino molidas
- 12 cucharadas de agua
- 1/4 de taza de cebolla picada
- 1/2 taza de hojas de albahaca fresca finamente picadas
- 1/2 taza de semillas de girasol
- 1/2 taza de tomates secos picados y envasados al sol
- 2 dientes de ajo picados
- 2 cucharadas de pasta acuosa de tahini
- 3 cucharaditas de vinagre de vino tinto o blanco
- 3 cucharaditas de orégano seco
- 1 cucharadita de sal marina de grano fino o al gusto
- 6 cucharadas de harina multiusos sin gluten o harina regular para todo uso
- 1 cucharadita de hojuelas de pimiento rojo o al gusto

Instrucciones:

1. Mezcle las semillas de lino y el agua en un tazón de mezcla. Colocar en el refrigerador durante 15 minutos. Esto es huevo de linaza.
2. Mezclar todos los ingredientes en un tazón grande. Agregue la mezcla de semillas de linaza y el agua y mezcle bien.
3. Divida la mezcla en 24 porciones iguales y forma pasteles. Coloque los pasteles en una bandeja para hornear forrada grande en una sola capa. Hornee in lotes si es necesario.

4. Hornee en un horno precalentado a 400 oF durante unos 15 minutos. Voltee los lados y hornee durante 10 minutos o hasta que estén doradas.
5. Servir caliente.

Recetas de Polenta Cremosa y Vegetales

Número de porciones: 2

Valores nutricionales por porcion

Calorías – 360, Grasa – 6 g, Carbohidrato – 57 g, Fibra – 10 g, Proteína – 21 g

Ingredientes:

- 1/2 taza de harina de maíz
- 7 onzas de caldo de verduras
- 1 1/2 tazas de pimientos rojos picados
1. Cubra con la mezcla de verduras. Espolvorea el queso restante encima y sirve.

Capítulo seis: wrap de desayuno de plantas, recetas de burritos y tacos

Wrap de hummus y Edamame

Número de porciones: 2

Valores nutricionales por porción: 1 envoltura

Calorías – 339, Grasa – 20 g, Carbohidrato – 35 g, Fibra – 8 g, Proteína – 14 g

Ingredientes:

- 6 onzas de edamame con cáscara descongelada
- 1 1/2 cucharadas de aceite de oliva extra virgen, dividido
- 1 diente pequeño de ajo picado
- Pimienta al gusto
- 1 taza de repollo verde en rodajas muy finas
- 1 escalona pequeña, cortada en rodajas finas
- 2 espinacas o tortillas de trigo integral (8 pulgadas cada una)
- 2 cucharadas de jugo de limón, dividido
- 1 cucharada de tahini

- 1/2 cucharadita de comino molido
- 1/4 de cucharadita de sal o al gusto
- 1/4 de taza de pimiento anaranjado en rodajas
- Un poco de perejil fresco, picado

Instrucciones:

1. Para hacer hummus edamame: Añadir edamame, 1 cucharada de aceite, 1 1/2 cucharadas de jugo de limón, sal, pimienta, comino, ajo y tahini en el tazón del procesador de alimentos y procesar hasta que quede suave.
2. Vierta en un tazón.
3. Agregue la pimienta, el aceite restante y el jugo de limón en otro tazón y bate bien. Agregue el pimiento, el repollo, el perejil y la cebolla. Mezclar hasta que esté bien recubierto.
4. Coloque las tortillas en la encimera. agrega alrededor de 1/2 taza de hummus de edamame sobre él en 1/3 de la porción inferior de la tortilla.
5. agrega 1/2 taza de la mezcla de repollo.
6. Enrollar y servir.

wrap de ensalada griega

Número de porciones:

Valores nutricionales por porción: 1 envoltura rellena con 1 1/2 taza de ensalada

Calorías – 333, Grasa – 14 g, Hidratos de carbono – 42 g, Fibra – 7 g, Proteína – 9 g

Ingredientes:

Para aderezo:

- 3 cucharadas de vinagre de vino tinto
- 1 cucharada de orégano fresco, picado
- 2 cucharadas de aceite de oliva virgen extra
- Sal al gusto
- Pimienta al gusto

Para envoltura:

- 4 tazas de lechuga romana picada
- 1 pepino pequeño, cortado a la mitad, cortado en rodajas
- 2 cucharadas de aceitunas kalamata en rodajas
- 3 envolturas de trigo integral (8-9 pulgadas cada una)
- 1/2 lata (de una lata de 15 onzas) garbanzos, escurridos
- 1/2 taza de tomates cherry cortados a la mitad o tomates de uva
- 1 cebolla pequeña, en rodajas finas

Instrucciones:

1. Para hacer el aderezo: Agregue todos los ingredientes para rellenar en un tazón y bate bien. Agregue la lechuga, el pepino, las aceitunas, los garbanzos, los tomates y la cebolla y mezcle bien.
2. Coloque las envolturas de trigo en la encimera. Divide la ensalada entre las envolturas. Enrollar y servir.

Wrap Pimiento Rojo, Queso de Cabra y Menta Fresca

Número de porciones: 2

Valores nutricionales por porción: 1 envoltura

Calorías – 254, Grasa – 9 g, Carbohidrato – 33 g, Fibra – 2 g, Proteína – 10 g

Ingredientes:

- 2 onzas de queso de cabra
- 2 tortillas de espinacas (8 pulgadas cada una)
- Sal al gusto
- 2 cucharadas de menta fresca picada
- 1/4 de taza de pimientos rojos picados y asados

Instrucciones:

1. Agregue el queso y las hojas de menta en un tazón y revuelva.
2. Caliente las tortillas siguiendo las instrucciones del envase.
3. Coloque las tortillas en 2 platos para servir. Divida la mezcla de queso entre las tortillas.
4. Dispersa 2cucharadas de pimientos rojos asados en cada una.
5. Enrolle las tortillas y cubra las envolturas con una envoltura adhesiva. Refrigere durante una hora.
6. Cortar y servir.

Burrito de Desayuno con Salsa de Tofu

Número de porciones: 2

Valores nutricionales por porción:

Calorías – 259, Grasa – 13 g, Carbohidrato – 30 g, Fibra – 4 g, Proteína – 15 g

Ingredientes:

- 2 cucharaditas de aceite de oliva extra virgen
- 1/2 taza de salsa fresca
- Pimienta recién molida al gusto
- 2 tortillas de trigo integral (8 pulgadas cada una)
- 1 taza de tofu firme extra, desmenuzado
- Sal al gusto
- 1/2 taza de queso Monterey Jack rallado o queso vegano

Instrucciones:

1. Coloque una sartén antiadherente a fuego medio. Agregue aceite. Cuando el aceite se caliente, agregue el tofu. Saltear hasta que este marrón claro.
2. Agregue la salsa, la sal y la pimienta. Mezcle bien y caliente bien.
3. Coloque las tortillas en un plato. Dispersa el queso a lo largo del diámetro de las tortillas.
4. Divida la mezcla de tofu y colóquela sobre el queso.
5. Envuelva en un burrito y sirva.

Burritos de desayuno mexicano

Número de porciones: 3

Valores nutricionales por porción:

Calorías – 329, Grasa – 10 g, Carbohidrato – 45 g, Fibra – 8 g, Proteína – 15 g

Ingredientes:

- 1 cucharada de aceite de aguacate, dividido
- 1 cucharadita de chile en polvo
- 1/2 cucharadita de sal o al gusto
- 2 tazas de maíz congelado, descongelado
- 1 taza de salsa fresca
- 3 tortillas o envolturas de trigo integral (8 pulgadas cada una)
- 1/2 paquete (de un paquete de 14 onzas) de tofu extra firme envasado en agua, escurrido, desmenuzado
- 1/2 cucharadita de comino molido
- 1/2 lata (de una lata de 15 onzas) de frijoles negros, enjuagados, escurridos
- 2 cebolletas cortadas en rodajas
- Un puñado de cilantro fresco, picado

Instrucciones:

1. Coloque una sartén sobre una llama media. Agregue la mitad del aceite. Cuando el aceite se caliente, agregue el tofu, la sal y las especias y cocine hasta que se dore.
2. Retire el tofu en un tazón.
3. Vuelva a colocar la sartén sobre el fuego con el aceite restante. Cuando el aceite se caliente, revuelva los frijoles, las cebollas un poco de maíz y cocine hasta que las cebolletas estén suaves.
4. Agregue el tofu de nuevo a la sartén. Agregue la salsa y el cilantro y caliente bien.
5. Coloque las tortillas en un plato para servir.
6. Divida la mezcla de tofu entre las tortillas y colóquela sobre 1/3 de la porción inferior de las tortillas.
7. Envuelva en un burrito y sirva.

Burritos de chipotle y frijoles negros

Número de porciones: 3

Valores nutricionales por porción: 1 burrito

Calorías – 361, Grasa – 10.3 g, Carbohidrato – 52.2 g, Fibra – 11.4 g, Proteína – 16.8 g

Ingredientes:

- 1 1/2 cucharaditas de aceite de canola
- 1/4 cucharadita de chile chipotle en polvo
- 1-2 cucharadas de agua
- 1/2 lata (de una lata de 15 onzas) de frijoles, escurridos
- 1/2 lata de frijoles negros (15 onza)
- 2 tortillas de trigo integral (10 pulgadas cada una)
- 3/4 de taza de tomates de ciruela picados
- 3 cucharadas de cebolla verde picada
- 1/2 taza de tiras finas de lechuga
- 1 1/2 cucharadas de salsa fresca, fría
- Sal o al gusto
- 2 dientes pequeños de ajo picados
- 1/2 taza de grasa reducida, rallada 4 - mezcla mexicana de queso
- 3 cucharadas de crema agria ligera

Instrucciones:

1. Coloque una sartén antiadherente a fuego medio. Agregue aceite. Cuando el aceite se caliente, agregue el ajo y saltee hasta que esté nado.
2. Agregue el chile en polvo y la sal y revuelva constantemente durante unos segundos. agua y frijoles.
3. Cuando empiece a hervir, baje el fuego a fuego lento y cúbralo con una tapa. Cocine a fuego lento durante unos 10 minutos. Apague el fuego y agregue salsa. Mezcle bien y machaque ligeramente los frijoles con la parte posterior de una cuchara.

4. Caliente las tortillas siguiendo las instrucciones en el paquete. Divida la mezcla de frijoles en 3 porciones iguales y colóquela en el centro de cada tortilla, a lo largo del diámetro.
5. Divida el queso, los tomates, la lechuga, la cebolla verde y la crema agria y colóquelos sobre la mezcla de frijoles. Enrolle la tortilla como un burrito y servir.

Garbanzo asado y burrito de brócoli

Número de porciones: 4

Valores nutricionales por porción:

Calorías – 301, Grasa – 9 g, Carbohidrato – 45 g, Fibra – 10 g, Proteína – 10 g

Ingredientes:

- 1 lata (15 onzas) de garbanzos sin sal, enjuagados, escurridos
- 1/2 pimiento rojo picado
- 1 1/2 cucharadas de aceite de oliva
- 1 cebolla mediana, picada
- 2 dientes de ajo picados
- 1/2 libra de brócoli picado
- 1 cucharada de salsa de soja baja en sodio
- 1/2 cucharadita de comino molido
- 1/2 cucharadita de cilantro molido
- 1 cucharadita de chile en polvo
- 1/2 cucharadita de pimentón ahumado
- Pimienta de Cayena al gusto
- 4 tortillas (8 pulgadas cada una)
- Jugo de lima

Instrucciones:

1. Agregue el garbanzo brócoli, cebolla y pimienta en un tazón y revuelve bien.
2. Transfiera a una bandeja para hornear con bordes. Hornee en un horno precalentado a 4250 F durante 20 minutos.
3. Coloque el ajo en la bandeja para hornear y continúe horneando durante 15 minutos. Retirar del horno. Transfiera a un tazón.
4. Agregue el jugo de limón y mezcle bien.
5. Siga las instrucciones del paquete y caliente las tortillas. Divida y coloque la mezcla de garbanzos sobre las tortillas. Envuelva como un burrito y sirva.

Tacos de desayuno

Número de porciones: 3

Valores nutricionales por porción:

Calorías – 245, Grasa – 9.3g, Carbohidrato – 31.6 g, Fibra – 7.1 g, Proteína – 12.3 g

Ingredientes:

Para garbanzos "tocino":

- 1/2 lata (de una lata de 15 onzas) garbanzos, escurridos
- 1/2 cucharada de tamari o salsa de soja
- 1/2 cucharadita de jarabe de arce
- Sal al gusto
- Pimienta al gusto
- 1/2 cucharada de aceite de oliva
- 1 cucharadita de salsa sriracha
- 1/2 cucharadita de pimentón ahumado

Para tomates tostados:

- 1/2 taza de tomates cherry cortados a la mitad
- 2 ajos pequeños de dientes picados
- 1/2 cucharada de aceite de oliva

Para tofu revuelto:

- 6 onzas de tofu de seda firme
- 1 cucharada de hummus
- Sal al gusto
- Pimienta al gusto
- 2 cucharadas de levadura nutricional
- 1/8 cucharadita de cúrcuma molida

Para servir:

- 3 tortillas de maíz o tortillas de harina
- Rebanadas de aguacate

- Jugo de lima
- Un poco de perejil fresco, picado
- Yogur sin lácteos
- 1 rábano en rodajas

Instrucciones:

1. Para hacer garbanzos "tocino": Seque los garbanzos acariciando con toallas de papel. Añadir en un tazón junto con el resto de los ingredientes para los garbanzos de tocino. Revuelve bien.
2. Alinee una bandeja para hornear grande con papel pergamino. Esparza la mezcla de garbanzos en la mitad de la bandeja para hornear.
3. Para hacer tomates tostados: Agregue todos los ingredientes para los tomates asados en un tazón y revuelve bien. Esparce los tomates en la otra mitad de la bandeja para hornear.
4. Hornee en un horno precalentado a 400 oF durante unos 20 minutos o hasta que los garbanzos estén crujientes y los tomates estén ligeramente carbonizados.
5. Para hacer tofu revuelto: Coloque una sartén antiadherente a fuego medio. Añadir todos los ingredientes para la revuelta de tofu en una sartén. Cocine hasta que se dore ligeramente.
6. Apaga el fuego.
7. Para ensamblar: Coloque las tortillas en platos para servir. Divida el tofu entre las tortillas. Esparce garbanzos y tomates por encima de la pelea.
8. Coloca los ingredientes y sirve.

Tacos de Desayuno Saludable con Tofu y Patatas Asadas

Número de porciones: 3

Valores nutricionales por porción: Sin coberturas opcionales

Calorías – 196, Grasa – 4 g, Carbohidrato – 34 g, Fibra – 5 g, Proteína – 9 g

Ingredientes:

Para patatas asadas:

- 3/4 libras de papas rojas, lavadas, secarse con palmaditas, en cubos
- 1 pimiento de cualquier color, picado en cuadrados de 1/2 pulgada
- 1 cebolla amarilla pequeña, picada en trozos de 1/2 pulgada
- 1/2 cucharadita de jugo de limón
- 1/2 cucharadita de pimentón ahumado
- 1/2 jalapeño, en rodajas
- 1/2 cucharadita de sal o al gusto
- 1/4 de cucharadita de ajo en polvo

Para tofu revuelto:

- 6 onzas de tofu de seda firme
- 1 cucharada de hummus
- Sal al gusto
- Pimienta al gusto
- 2 cucharadas de levadura nutricional
- 1/8 cucharadita de cúrcuma molida

Para servir:

- 3 tortillas de maíz o tortillas de harina

Coberturas opcionales

- Rebanadas de aguacate
- Jugo de lima
- Un poco de perejil fresco, picado
- Salsa para llovizna

- Rebanadas de queso Chao
- Etc.

Instrucciones:

1. Alinee una bandeja para hornear grande con papel pergamino.
2. Para hacer patatas asadas: Agregue todos los ingredientes para las patatas asadas en un tazón y revuelve bien. Esparce los tomates en la otra mitad de la bandeja para hornear.
3. Hornee en un horno precalentado a 400 F durante unos 20-30 minutos o hasta que las patatas estén cocidas. Revuelva cada 10-12 minutos.
4. Para hacer tofu revuelto: Coloque una sartén antiadherente a fuego medio. Añadir todos los ingredientes para el tofu revuelto en una sartén. Cocine hasta que se dore ligeramente.
5. Apaga el fuego.
6. Para ensamblar: Coloque las tortillas en platos para servir. Divida el tofu entre las tortillas. Divida la mezcla de papas y colóquela sobre el tofu.
7. Coloque los ingredientes opcionales en la parte superior y sirva.

Tostadas de frijol negro y tofu

Número de porciones: 2

Valores nutricionales por porción: Sin coberturas

Calorías – 380, Grasa – 19 g, Carbohidrato – 35 g, Fibra – 11 g, Proteína – 24 g

Ingredientes:

Para frijoles negros picantes:

- 1 cucharadita de aceite de oliva
- 2 cucharadas de cebolla picada
- 1/2 lata (de una lata de 15 onzas) frijoles negros, escurridos, enjuagados
- 1 cucharada de salsa
- 1 diente de ajo picado
- Sal al gusto
- 1/2 cucharadita de comino molido
- 1/2 cucharadita de chile en polvo
- 1/2 cucharadita de orégano seco

Para la revuelta de tofu:

- 7 onzas de tofu firme, prensado de exceso de humedad
- 1/4 cucharadita de cúrcuma en polvo
- 1/2 cucharada de aceite de oliva
- 1 1/2 cucharadas de levadura nutricional
- Sal al gusto

Para tortillas crujientes al horno:

- 1/2 cucharada de aceite de oliva
- 2 tortillas de maíz

Instrucciones:

1. Coloque una sartén sobre una llama mediana. Agregue 1 cucharadita de aceite. Cuando el aceite se caliente, añadir el ajo y saltear hasta que sea aromático.

2. Agregue la cebolla y la sal y cocine hasta que estén translúcidas.

3. Agregue los frijoles y todas las especias y caliente bien. Apague el fuego y agréguelo en un tazón.

4. Machacar los frijoles ligeramente con un tenedor. Agregue la salsa y revuelva.

5. Para hacer la revuelta: Coloque una sartén antiadherente a fuego medio. Agregue aceite. Cuando el aceite se calienta, añadir tofu, polvo de cúrcuma, sal y levadura nutricional y mezclar bien. Calienta bien. Apaga el fuego.

6. Coloque las tortillas en una bandeja para hornear. Cepille ambos lados de las tortillas con aceite.

7. Hornee en un horno precalentado a 400 F durante unos 10 minutos o hasta que esté crujiente. Voltee los lados a mitad de la cocción.

8. Para servir: Divida los frijoles puré por igual y esparza sobre las tortillas.

9. Divida el tofu entre las tortillas. Coloque los ingredientes de elección y sirva.

Capítulo Siete: Pudín de desayuno hecho de plantas y recetas de parfait

Pudín de desayuno de mora y chía

Número de porciones: 2

Valores nutricionales por porción: 1/2 taza

Calorías – 211, Grasa – 12 g, Carbohidrato – 19 g, Fibra – 5 g, Proteína – 8 g

Ingredientes:

- 1/4 de taza de moras frescas
- 1/2 taza de leche de coco, sin endulzar
- 1/8 cucharadita de extracto de almendra
- 1/2 cucharada de coco rallado sin endulzar
- 1 1/2 cucharadas de semillas de chía
- 1/4 de taza de yogur griego natural
- 1 cucharada de miel o néctar de agave o jarabe de maple
- 2 cucharadas de almendras tostadas en rodajas, para decorar

Instrucciones:

1. Coloque las moras en un tazón. Triture con un tenedor.
2. Agregue el resto de los ingredientes y mezcle bien. Cubrir y enfriar durante la noche.
3. Revuelva y divida en 2 cuencos. Espolvorea una cucharada de almendras encima de cada tazón y sirve.

Pudín de chía y pan de jengibre

Número de porciones: 2

Valores nutricionales por porción:

Calorías – 307, Grasa – 17.8 g, Carbohidrato – 36.8 g, Fibra – 12.8 g, Proteína – 13.5 g

Ingredientes:

Para pudín:

- 1/2 taza de semillas de chía
- 2 cucharadas de jarabe de arce
- 1/2 cucharadita de canela molida
- Una gran sal marina pellizca
- 1 1/2 tazas de leche no láctea de su elección
- 1/2 cucharadita de jengibre molido
- 1/2 cucharadita de clavo de olor molido

Para coberturas:

- 2 cucharadas de nueces picadas o cualquier nueces de su elección
- 2 cucharadas de pasas

Instrucciones:

1. Agregue todos los ingredientes para el pudín en un tazón y revuelva hasta que estén bien incorporados.
2. Cubrir y enfriar durante la noche. Revuelva un par de veces si es posible después de un par de horas de enfriamiento.
3. Revuelva y cubra en cuencos. Espolvorea pasas y nueces y sirve.

Pudin de Chocolate con Chía y frambuesas

Número de porciones: 2

Valores nutricionales por porción: 1 taza

Calorías – 222, Grasa – 11 g, Hidratos de carbono – 28 g, Fibra – 13 g, Proteína – 6 g

Ingredientes:

- 1 taza de leche de almendras, sin endulzar o cualquier otra leche de su elección
- 4 cucharaditas de jarabe de arce
- 1/2 cucharadita de extracto de vainilla
- 2 cucharadas de almendras tostadas y cortadas, divididas
- 4 cucharadas de semillas de chía
- 1 cucharadita de cacao en polvo, sin endulzar
- 1 taza de frambuesas frescas, divididas

Instrucciones:

1. Agregue la leche, el jarabe de arce, la vainilla, las semillas de chía y el cacao en un tazón. Batir bien.
2. Cubrir y enfriar durante la noche.
3. Revuelve bien. Tome 2 vasos y coloque 1/2 taza de budín de chía en cada vaso.
4. Dispersa 1/4 de taza de frambuesas en cada vaso. Espolvorea 1/2 cucharada de almendras en cada vaso.
5. Capa con 1/4 de taza de budín de chía seguido de 1/4 de taza de frambuesas en cada vaso.
6. Espolvorea 1/2 cucharada de almendras en cada vaso y sirve.

Pudín de chía con coco y mango

Número de porciones: 2

Valores nutricionales por porción: 1 taza

Calorías – 229, Grasa – 11 g, Carbohidrato – 32 g, Fibra – 10 g, Proteína – 5 g

Ingredientes:

- 1 taza de leche de coco, sin endulzar o cualquier otra leche de su elección
- 4 cucharaditas de jarabe de arce
- 1 taza de mango fresco cortado en cubos, dividido
- 4 cucharadas de semillas de chía
- ½ cucharadita de extracto de coco
- 2 cucharadas de chips de coco tostados sin endulzar, divididos

Instrucciones:

1. Agregue la leche, el jarabe de arce, el extracto de coco y las semillas de chía en un tazón. Batir bien.
2. Cubrir y enfriar durante la noche.
3. Revuelve bien. Tomar 2 vasos y colocar 1/2 taza de budín de chía en un vaso
4. Dispersión 1/4 de taza de mangos en cada vaso. Espolvorea 1/2 cucharada de chips de coco en cada vaso.
5. Haz Capas con 1/4 de taza de budín de chía seguido de 1/4 de taza de mangos en cada vaso.
6. Espolvorea 1/2 cucharada de chips de coco en cada vaso y sirve.

Pudín de naranja

Número de porciones: 4

Valores nutricionales por porción: Sin coberturas

Calorías – 127, Grasa – 6 g, Hidratos de carbono – 14 g, Fibra – 7 g, Proteína – 4 g

Ingredientes:

- 6 naranjas rojas, peladas, separadas en segmentos, desembradas
- 1 cucharadita de canela molida
- 1 1/2 tazas de leche de coco ligera
- 2/3 de taza de semillas de chía

Instrucciones:

1. Agregue las naranjas, la canela y la leche de coco en una licuadora y mezcle hasta que quede suave.
2. Vierta en un tazón. Agregue las semillas de chía y revuelva.
3. Cubrir y enfriar durante 7-8 horas.
4. Divida en cuencos. Sirva con coberturas de su elección si lo desea.

Parfait de desayuno de fresa, mantequilla de almendras y avena

Número de porciones: 4

Valores nutricionales por porción:

Calorías – 332, Grasa – 13 g, Hidratos de carbono – 49 g, Fibra – 12 g, Proteína – 7 g

Ingredientes:

- 1 taza de avena en hojuelas
- 1/2 taza de leche de almendras
- 2 cucharadas de mantequilla de almendras
- 2 tazas de fresa fresca en rodajas + extra para decorar
- 4 plátanos, cortados en rodajas, congelados
- 2 tazas de agua
- 2 cucharaditas de vainilla
- 2 cucharadas de almendras, cortadas en rodajas para decorar

Instrucciones:

1. Coloque una cacerola a fuego lento. Agregue la avena y el agua y cocine durante 7-8 minutos.
2. Agregue la leche de almendras, la mantequilla de almendras y la vainilla y revuelva hasta que la mezcla esté bien incorporada.
3. Retirar del fuego
4. Agregue los plátanos y las fresas en una licuadora y mezcle hasta que quede suave.
5. Para montar: Tome 4 vasos parfait. Divida la mezcla de avena en los vasos. Divida por igual y vierta las fresas mezcladas sobre la capa de avena.
6. Espolvorea las almendras sobre ella. Coloque las rodajas de fresas en la parte superior y sirva.

Parfait de pie de melocotón

Número de porciones: 2

Valores nutricionales por porción:

Calorías – 260, Grasa – 13 g, Carbohidrato – 30 g, Fibra – 8 g, Proteína – 6 g

Ingredientes:

- 2 cucharadas de semillas de chía
- 1/2 taza de leche de coco
- 3 melocotones pequeños, deshuesados, cortados en cubos
- 2 cucharadas de jarabe de arce puro
- 2 cucharaditas de canela molida
- 1 1/3 de taza de granola

Instrucciones:

1. Agregue las semillas de chía, la leche y el jarabe de arce en un tazón. Revuelva y cubra con una tapa. Refrigere por un par de horas.
2. Mientras tanto, coloca los duraznos en un tazón. Espolvorea canela sobre ella. Revuelve bien y reserva.
3. Tome 2 vasos parfait. Divide por igual el pudín de chía entre los vasos.
4. Espolvorea 1/2 taza de granola en cada vaso.
5. Divide los melocotones entre los vasos.
6. Espolvorea la granola restante en la parte superior y sirve.

Capítulo Ocho: Recetas de Panqueque de Desayuno A base de Plantas, Waffle, Crepes y Tortilla

Panqueques veganos

Número de porciones: 3

Valores nutricionales por porción: 2 tortitas (4 pulgadas cada una) sin coberturas

Calorías – 174, Grasa – 6 g, Hidratos de carbono – 27 g, Fibra – 3 g, Proteína – 6 g

Ingredientes:

Para panqueques:

- 3/4 de taza de harina de trigo integral blanca
- 1/2 cucharadita de sal
- 2 cucharadas de compota de manzana, sin endulzar
- 1/2 cucharada de azúcar orgánica o 1 cucharada de jarabe de arce
- 1 cucharadita de polvo de hornear
- 3/4 de taza de leche de almendras o leche no láctea de su elección, sin endulzar
- 1/2 cucharadita de extracto de vainilla
- 1 cucharada de aceite de coco

- Spray de cocina

<u>Para servir:</u> Utilice cualquiera, según sea necesario (opcional)

- Frutos de su elección
- Jarabe de arce
- nueces
- Cualquier otro ingrediente de su elección

Instrucciones:

1. Agregue todos los ingredientes secos para el panqueque en un tazón y revuelva. Agregue todos los ingredientes húmedos para el panqueque en otro tazón y bate hasta que estén bien combinados.
2. Vierta los ingredientes húmedos en el tazón de los ingredientes secos y bate hasta que se mezclen. No batir por mucho tiempo. Cubrir y reservar durante 15 minutos.
3. Coloque una sartén antiadherente a fuego medio. Rocíe con spray de cocción. Vierta 3-4 cucharadas de masa en el centro de la sartén. Gire la sartén ligeramente para quela masa se extienda (alrededor de 4 pulgadas de diámetro). En un tiempo, las burbujas comenzarán a aparecer en el panqueque. Cocine hasta que la parte inferior esté dorada.
4. Voltee los lados y cocine el otro lado también. Retirar sobre un plato y mantener caliente.
5. Repita los pasos 2-3 y haga pasteles de sartén con la masa restante.
6. Sirva con coberturas sugeridas si lo desea.

Pan de jengibre

Número de porciones: 2

Valores nutricionales por porción: 4 panqueques pequeños

Calorías – 77, Grasa – 1.9 g, Carbohidrato – 10.6 g, Fibra – 0.7 g, Proteína – 4 g

Ingredientes:

Para huevos de linaza:

- 1/2 cucharada de semillas de lino molidas mezcladas con 1 1/2 cucharadas de agua

Para ingredientes secos:

- 1/2 taza de harina de trigo integral
- 1/2 cucharadita de bicarbonato de sodio
- 1/2 cucharadita de polvo de hornear
- 1/2 cucharada de proteína de vainilla en polvo
- 1/2 cucharadita de jengibre molido
- 1/2 cucharadita de canela molida
- Un pizca de clavo de olor molido
- 1/8 de cucharadita de nuez moscada recién rallada

Para ingredientes húmedos:

- 1/2 cucharadita de vinagre de sidra de manzana
- 2 cucharadas de aceite de canola
- 3/4 de taza de leche de soja de vainilla
- 2 cucharadas de jarabe de arce puro
- 1 cucharadita de extracto de vainilla
- Spray de cocina

Instrucciones:

1. Para hacer huevo de linaza: Mezcle las semillas de lino y el agua en un tazón pequeño y guárdelo en el refrigerador durante 15 minutos.
2. Mientras tanto, mezcle todos los ingredientes secos en un tazón.

3. Para hacer suero de mantequilla vegano: Mezcle en otro tazón, vinagre de sidra de manzana y leche de soja. Agregue el resto de los ingredientes húmedos. Mezcla bien. Agregue el huevo de lino y mezcle bien.

4. Agregue esta mezcla al tazón de los ingredientes secos. Batir hasta que todo el contenido se haya combinado. No mezcle demasiado.

5. Coloque una sartén antiadherente a fuego medio. Cuando la sartén esté caliente, rocíe la sartén con spray de cocción. Vierta 2 cucharadas de masa en la sartén. Esparce un pequeño panqueque redondo de unas 4 pulgadas girando en la sartén. Las burbujas lentas comenzarán a formarse. Cocine hasta que la parte inferior sea de color marrón medio. Voltee los lados y cocine el otro lado también.

6. Si su sartén es lo suficientemente grande, entonces haga los panqueques en tandas.

7. Repita los pasos 5 y 6 y haga panqueques con la masa restante.

8. Mantener caliente en el horno hasta su uso.

Panqueques de Chocolate Chip y Banana

Número de porciones: 3

Valores nutricionales por porción: 1 panqueque sin opciones de porción

Calorías – 271, Grasa – 16 g, Carbohidrato – 32 g, Fibra – 4 g, Proteína – 5 g

Ingredientes:

- 1 plátano medio sobre madurado, machacado
- 1 1/2 cucharadas de aceite de coco, derretido
- 3/4 de taza de harina de trigo integral
- 1/4 de taza de chips de chocolate veganos
- 1 cucharada de azúcar de coco
- 1/2 taza de leche de coco
- 1/2 cucharadita de bicarbonato de sodio

Opciones de servicio:

- Jarabe de arce
- Bayas
- Manteca de coco
- Fruto de su elección
- Etc.

Instrucciones:

1. Mezcle el plátano, el azúcar, la leche y el aceite en un tazón.
2. Agregue la harina y el bicarbonato de sodio y bate hasta que se incorporen. No excedas.
3. Agregue las papas fritas de chocolate y pliegue suavemente.
4. Coloque una sartén antiadherente a fuego medio. Cuando la sartén esté caliente, rocíe la sartén con spray de cocción. Vierta unas 4 cucharadas de masa en la sartén. Gira la sartén para esparcir el panqueque. Las burbujas lentas comenzarán a formarse. Cocine hasta que la parte inferior esté de color marrón. Voltee los lados y cocine el otro lado también.
5. Retire el panqueque y manténgalo caliente.
6. Repita el paso 4-5 y haga los panqueques restantes.

panqueques con alioli de limón y ajo

Número de porciones: 14

Valores nutritivos por porción: 1 panqueque de 3 pulgadas cada uno con una cucharadita de mayonesa

Calorías – 90, Grasa – 6 g, Carbohidrato – 6 g, Fibra – 1 g, Proteína – 2 g

Ingredientes:

Para alioli de ajo de limón:

- 1/4 de taza de mayonesa vegana
- 1 cucharadita de jugo de limón fresco o más al gusto
- 1 diente pequeño de ajo rallado

Para panqueques:

- 1/2 cucharada de aceite de coco o aceite de oliva virgen extra
- 1/4 de taza de zanahoria rallada
- 1/4 de taza de harina de garbanzo
- 1/4 de taza de agua
- 2 cucharaditas de ajo picado
- 3 cucharadas de pepinillo de eneldo finamente picado
- 1 cucharada de levadura de levadura nutricional
- Sal marina fina al gusto
- Pimienta al gusto
- Spray de cocina

Para servir:

- 1 cebolla verde, en rodajas finas
- 1 cucharadita de eneldo fresco picado
- Pepinillo de eneldo picado

Instrucciones:

1. Para hacer alioli de ajo de limón: Agregue todos los ingredientes para el alioli en un tazón y bate bien. Cubrir y reservar durante unos minutos para que los sabores se afinen.
2. Coloque una sartén a fuego medio. Agregue aceite. Cuando el aceite se caliente, agregue el ajo y saltee hasta que esté nado.
3. Agregue la zanahoria y el encurtido de eneldo y cocine durante un par de minutos. Apaga el fuego.
4. Agregue el resto de los ingredientes en un tazón y bate bien. Agregue la mezcla de zanahoria y revuelva. Deja reposar el bateador un par de minutos.
5. Coloque una sartén antiadherente a fuego medio. Cuando la sartén esté caliente, rocíe la sartén con spray de cocción. Vierta 2 cucharadas de masa en la sartén. Esparce en un pequeño panqueque redondo de aproximadamente 4 pulgadas girando la sartén. Aparecerán burbujas lentas. Cocine hasta que la parte inferior sea de color marrón medio. Voltee los lados y cocine el otro lado también.
6. Si su sartén es lo suficientemente grande, entonces haga los panqueques y Mantén calientes los panqueques.
7. Repita los pasos 5 y haga panqueques con la masa restante.
8. Sirva adornado con cebolla verde, eneldo, pepinillo de eneldo y alioli de ajo limón.

Panqueques de Harina de Coco

Número de porciones: 4

Valoración nutricionales por porción: 2 tortitas

Calorías – 220, Grasa – 10.5 g, Carbohidrato – 15.5 g, Fibra – 11.5 g, Proteína – 17 g

Ingredientes:

- 2 cucharadas de proteína a base de plantas en polvo
- 4 cucharadas de psyllium cáscara en polvo, empapado en una taza de agua
- 2 cucharadas de aceite de coco
- 2 cucharaditas de polvo de hornear
- 1/2 taza de harina de coco
- 2 tazas de agua
- 2 cucharaditas de extracto de vainilla

Instrucciones:

1. Agregue la vainilla y el aceite de coco al tazón de cáscara de psyllium. Mezcle bien y reserve un rato.
2. Mezclar en un tazón grande, proteína en polvo, polvo de hornear y harina de coco
3. Agregue agua y mezcle bien.
4. Agregue la mezcla de psyllium en el tazón de ingredientes secos y mezcle hasta que estén bien combinados.
5. Coloque una sartén antiadherente a fuego medio. Vierta alrededor de 1/4 de taza de masa en él. Gire la sartén para que la masa se extienda un poco.
6. Cocine hasta que la parte inferior esté dorada. Voltee los lados y cocine el otro lado también.
7. Repita los 2 pasos anteriores con el bateador restante.

Waffles de cebollino con champiñones de arce y soja

Número de porciones: 3

Valores nutricionales por porción:

Calorías – 227, Grasa – 8 g, Carbohidrato – 30 g, Fibra – 4 g, Proteína – 7 g

Ingredientes:

- 1 taza de leche de soja o arroz
- 1 cucharada de aceite de semilla de colza
- 2.6 onzas de polenta
- 1/2 cucharada de polvo de hornear
- 1/2 cucharada de jarabe de arce
- 3 champiñones grandes, cortados en rodajas gruesas
- Yogur de soja para servir (opcional)
- 1/2 cucharadita de vinagre de sidra de manzana o jugo de limón
- 1.8 onzas de puré de batata
- 2.3 onzas de harina para todo uso
- 1/2 pequeño manojo de cebollino, cortado
- 1 cucharadita de salsa de soja ligera
- Aceite de oliva, para freír

Instrucciones:

1. Batir en un tazón, leche, aceite de colza y vinagre. La mezcla puede comenzar a cuajar, pero está bien.
2. Agregue la batata y bate bien.
3. Agregue todos los ingredientes secos en un tazón y revuelva.
4. Agregue los ingredientes húmedos en el tazón de ingredientes secos y bate bien.
5. Añade la mitad de los cebollinos.
6. Vierta la mezcla en una plancha de waffles precalentada. Cuando el waffle esté cocido de color marrón, saque el waffle y manténgalo caliente.
7. Batir el jarabe de arce y la salsa de soja y verter sobre los champiñones. Espolvorea pimienta y revuelve bien.

8. Coloque una sartén a fuego medio. Añade un poco de aceite de oliva. Cuando el aceite se caliente, agregue los champiñones y cocine hasta que estén tiernos.

9. Esparza los champiñones sobre los waffles. Espolvoree los cebollinos y sirva con yogur de soja si lo desea.

Crepes veganos

Número de porciones: 4

Valores nutricionales por porción: 1 crepé, sin coberturas

Calorías – 93, Grasa – 1 g, Carbohidrato – 18 g, Fibra – NA, Proteína – 3 g

Ingredientes:

- 6 cucharadas de harina blanca de trigo integral
- 6 cucharadas de harina para todo uso
- 3/4 de taza + 2 cucharadas de leche no láctea sin endulzar
- 1/2 cucharada de harina de linaza
- 1/4 cucharadita de azúcar
- 1 1/2 cucharadas de agua
- 1/2 cucharadita de sal

Instrucciones:

1. Agregue todos los ingredientes en una licuadora y mezcle hasta que quede suave.
2. Vierta en un tazón y enfríe durante 20-30 minutos.
3. Coloque una sartén antiadherente (10 pulgadas) a fuego medio. Rocíe con spray de cocción.
4. Cuando la sartén esté calentada, vierta 1/4 de taza de masa en la sartén. Gire la sartén para que la masa se extienda.
5. Cocine hasta que la parte inferior esté marrón claro. Voltee los lados y cocine hasta que la parte inferior esté marrón claro.
6. Retire el crepe en un plato.
7. Repita los pasos 3-6 y haga las crepes restantes.
8. Serve cálido con coberturas de su elección.

Crepes de Coco de Chocolate

Número de porciones: 2

Valores nutricionales por porción: 1 crepé

Calorías – 203, Grasa – 18 g, Carbohidrato – 15 g, Fibra – 5 g, Proteína – 4 g

Ingredientes:

- 2 tiendas compraron envolturas de coco
- 2 cucharadas de mantequilla solar o mantequilla de coco
- 2 onzas de chocolate para hornear sin endulzar, picado
- 3-4 cucharaditas de edulcorante de confitería

Indicaciones:

1. Coloque una sartén a fuego medio. Cuando la sartén se caliente, coloque la envoltura de coco sobre ella y caliente las crepes en un lado sólo durante 10-15 segundos. La calefacción durante más tiempo puede hacer que la envoltura sea dura.
2. Espolvorea la mitad de las piezas de chocolate sobre el crepe. Los chocolates comenzarán a derretirse. Esparce los chocolates con una cuchara.
3. Espolvorea el edulcorante por todas las crepes. Esparce de nuevo con la cuchara. Cuchara la mantequilla de sol o la mantequilla de coco sobre el crepé.
4. Dobla el crepe por la mitad y dobla una vez más en un cuarto.
5. Sprinkle chocolates restantes en la parte superior y servir.
6. Repita todos los pasos anteriores y haga el otro crepe.

Crepes de azúcar de canela

Número de porciones: 2

Valores nutricionales por porción:

Calorías – 116, Grasa – 10 g, Hidratos de carbono – 12 g, Fibra – 3 g, Proteína – 1 g

Ingredientes:

- 2 cucharaditas de ghee o aceite de coco
- 2 cucharaditas de canela molida
- 2 cucharaditas de edulcorante de fruta de monje
- 2 tiendas compraron envolturas de coco

Instrucciones:

1. Coloque una sartén a fuego medio. Cuando la sartén se caliente, coloque la envoltura de coco sobre ella y caliente los crepes en un lado sólo durante 10-15 segundos. La calefacción durante más tiempo puede hacer que la envoltura sea dura.
2. Esparce una cucharadita de ghee por toda la envoltura.
3. Esparce una cucharadita de edulcorante de fruta de Monk. Espolvorea una cucharadita de canela por toda la envoltura.
4. Dobla el crepe por la mitad y dobla una vez más en un cuarto.
5. Espolvorea los chocolates restantes en la parte superior y sirve.
6. Repita todos los pasos anteriores y haga el otro crepe.

Tortilla de garbanzos veganos

Número de porciones: 2

Valores nutricionales por porción:

Calorías – 174, Grasa – 3 g, Carbohidrato – 26 g, Fibra – 4 g, Proteína – 9 g

Ingredientes:

Para ingredientes secos:

- 1/2 taza de harina de garbanzo
- 1/2 cucharadita de sal
- 1/2 cucharada de harina de linaza o harina de semillas de chía
- 1/8 cucharadita de ajo en polvo
- 1/2 cucharadita de comino molido
- 1/8 cucharadita de cúrcuma en polvo
- 1/2 cucharadita de bicarbonato de sodio
- 1/8 cucharadita de sal rosa del Himalaya

Para ingredientes húmedos:

- 6 cucharadas de agua
- 1 1/2 cucharadas de yogur no láctea de su elección, sin endulzar

Para verduras:

- 1 cebolla roja pequeña, en rodajas
- 1 tomate en rodajas
- Un puñado de cilantro fresco, picado
- 1/2 jalapeño, en rodajas o usar rodajas de jalapeño en escabeche
- 2 cucharaditas de levadura nutricional
- Aceite de oliva para freír

Instrucciones:

1. Agregue todos los ingredientes secos en un tazón y revuelva. Batir bien. Agregue los ingredientes húmedos al tazón de ingredientes secos y bate bien.

La masa debe ser de la consistencia de la masa de panqueques. Así que agregue más agua si es necesario.

2. Coloque una sartén antiadherente a fuego medio. Añade un poco de aceite. Cuando el aceite se caliente, vierta la masa por toda la sartén. Coloca las rodajas de cebolla, tomate y jalapeño por toda la tortilla.

3. Cocine hasta que la parte inferior esté dorada. Voltee los lados y cocine el otro lado durante un par de minutos.

4. Retirar sobre un plato. Espolvorea levadura nutricional en la parte superior. Cortar en 2 mitades y servir.

Frittata de espárragos y linaza

Número de porciones: 2

Valores nutricionales por porción:

Calorías – 210, Grasa – 8 g, Carbohidrato – 24 g, Fibra – 11 g, Proteína – 11 g

Ingredientes:

Para la frittata de lentejas:

- 1/4 de taza de lentejas rojas, remojadas en agua durante una hora
- 2 cucharadas de harina de almendras
- 1 cucharadita de almidón de raíz de flecha o almidón de maíz
- 1/3 cucharadita de sal o al gusto
- 1/4 de cucharadita de ajo en polvo
- 1/2 cucharadita de pimienta de chipotle
- 1/4 de cucharadita de pimienta de cayena
- 1 cucharada de levadura de levadura nutricional
- 1/2 cucharadita de jugo de limón
- 1/2 taza de agua
- 1/2 cucharada de harina de linaza o harina de semillas de chía
- 1/2 cucharadita de polvo de hornear
- 1/8 cucharadita de cúrcuma en polvo
- 1/8 de cucharadita de sal rosa del Himalaya o al gusto
- 1 cucharadita de aceite de oliva virgen extra
- 1 cucharadita de tomates secos picados

Para verduras:

- ½ cucharadita de aceite
- 2 dientes de ajo picados
- 1 taza de verduras picadas (mezcla de zanahoria, coliflor, guisantes y pimientos)
- Sal al gusto
- Un gran orégano de pellizco
- Un tomillo gran pellizco

- 1/4 de taza de cebolla picada
- 2/3 de taza de espárragos picados (1 pulgada)
- 1/4 de taza de espinacas para bebés empacadas
- Pimienta de chipotle en polvo al gusto
- Pimienta al gusto
- 2 cucharadas de queso rallado vegano (opcional)

Instrucciones:

1. Engrase un plato de hornear pequeño y redondo con aceite. Coloque una hoja de papel de pergamino si lo desea.
2. Coloque una sartén a fuego medio. Agregue aceite. Cuando el aceite se caliente, agregue la cebolla y el ajo y saltee hasta que la cebolla se ablanda.
3. Agregue las verduras y revuelva. Cubra con una tapa y cocine durante un par de minutos.
4. Agregue las espinacas, los espárragos y las especias y revuelva. Cubra y cocine durante un par de minutos.
5. Retirar del fuego y dejar que la mezcla permanezca cubierta durante un minuto más. Transfiera al plato de hornear preparado.
6. Para hacer mezcla de lentejas: Escurrir y colocar las lentejas en una licuadora. Agregue el agua y mezcle hasta que quede suave.
7. Agregue el resto de los ingredientes y mezcle hasta que quede suave.
8. Vierta la mezcla en el plato de hornear, por todas las verduras.
9. Espolvorea queso vegano si usas.
10. Hornee en un horno precalentado a 350 oF durante unos 30-40 minutos o hasta que esté listo. Un palillo de dientes cuando se inserta en el centro debe salir limpio.
11. Cortar en cuñas y servir.

Espárragos y quiche vegano de champiñones

Número de porciones: 3

Valores nutricionales por porción: 2 cuñas

Calorías – 240, Grasa – 7 g, Hidratos de carbono – 29 g, Fibra – 9 g, Proteína – 21 g

Ingredientes:

- 1 taza de espárragos picados
- 1/2 taza de tomate picado
- 6.2 onzas de tofu sedoso
- 2 cucharadas de levadura nutricional
- 1/2 cucharadita de tomillo molido
- 1/4 cucharadita de cúrcuma en polvo
- 1/2 cucharadita de orégano molido
- Pimienta al gusto
- 4 onzas de champiñones, en rodajas
- 1 taza de col rizada picada o espinaca
- 1/2 taza de harina de garbanzo
- 1 cucharada de salsa de soja
- 1/4 de cucharadita de sal rosa del Himalaya
- Spray de cocina

Instrucciones:

1. Engrase una pequeña sartén a prueba de horno con spray de cocción y lado establecido.
2. Coloque un wok a fuego medio. Rocíe un poco de spray de cocina en él.
3. Coloque los espárragos en el wok y cocine durante 4 minutos.
4. Agregue los tomates, la col rizada y los champiñones y cocine hasta que estén tiernos.
5. Mientras tanto, agregue el resto de los ingredientes en una licuadora y mezcle hasta que estén bien incorporados.
6. Transfiera las verduras del wok a la sartén preparada. Vierta la mezcla mezclada en la sartén y revuelva ligeramente.

7. Hornee en un horno precalentado a 3500 F durante unos 30-40 minutos o hasta que esté listo. Saca la sartén del horno y déjala reposar durante 10 minutos.
8. Cortar en 6 cuñas iguales y servir.

Frittata vegana mexicana

Número de porciones: 3

Valores nutricionales por porción:

Calorías – 194, Grasa – 6g, Hidratos de carbono – 23 g, Fibra – 7 g, Proteína – 11 g

Ingredientes:

Para la mezcla de frijol negro:

- 1/2 cucharada de aceite de oliva + extra para engrasar
- 1/2 taza de pimiento rojo picado
- 1/4 cucharadita de chile en polvo
- 1/2 cucharadita de comino molido
- Sal al gusto
- Pimienta al gusto
- 1/4 cucharadita de orégano mexicano
- 1/8 cucharadita de pimienta de cayena
- 1 cebolla roja pequeña, picada
- 2 dientes pequeños de ajo picados
- 1/2 lata (de una lata de 15 onzas) frijoles negros

Para la mezcla de tofu:

- 7 onzas de tofu extra firme
- Sal al gusto
- Pimienta al gusto
- 1/4 de taza de queso cheddar vegano picado

Instrucciones:

1. Para hacer mezcla de frijol negro: Coloque una sartén a fuego medio. Agregue aceite. Cuando el aceite esté caliente, agregue la cebolla y cocine hasta que se rosa.
2. Agregue el ajo y salte durante unos segundos hasta que sea aromático.

3. Agregue los frijoles negros y cocine durante 3-4 minutos. Agregue el resto de los ingredientes y mezcle bien. Cocine durante un minuto más o menos hasta que sea aromático. Apaga el fuego.

4. Para hacer la mezcla de tofu: Agregue el tofu y el queso en el tazón del procesador de alimentos y procese hasta que esté bien incorporado.

5. Vierta en el tazón de frijoles negros y pliegue.

6. Transfiera a un plato de hornear redondo y engrasado.

7. Hornee en un horno precalentado a 3500 F durante unos 20-30 minutos o hasta que esté listo. Saca la sartén del horno y déjala reposar durante 10 minutos.

8. Cortar en 6 cuñas iguales y servir.

Capítulo Nueve: Recetas de tostadas y sándwiches de desayuno a base de plantas

Tostadas de aguacate y Feta

Número de porciones: 4

Valores nutricionales por porción:

Calorías – 297, Grasa – 21 g, Hidratos de carbono – 22 g, Fibra – 8 g, Proteína – 9 g

Ingredientes:

- 2 aguacates maduros, pelados, deshuesados, machacados
- 4 rebanadas de pan de trigo integral, tostado
- 1/2 taza de queso feta, desmenuzado
- Sal al gusto
- Pimienta al gusto

Instrucciones:

1. Batir los aguacates con un tenedor hasta que queden suaves.
2. Esparce el aguacate sobre las rebanadas de pan tostado. Sazonar con sal y pimienta.
3. Espolvorea el queso feta encima y sirve.

Tostadas francesas de plátano con plátanos caramelizados

Número de porciones: 6

Valores nutricionales por porción:

Calorías – 220, Grasa – 2 g, Hidratos de carbono – 49 g, Fibra – 3 g, Proteína – 2 g

Ingredientes:

Para la masa de tostadas francesas:

- 1 plátano grande sobre maduro, en rodajas
- 4 cucharadas de jarabe de arce
- 1 cucharadita de extracto de vainilla
- 1/2 cucharadita de nuez moscada molida
- 1 taza de leche de almendras o cualquier otra leche no láctea de su elección
- 4 cucharadas de harina
- 2 cucharaditas de aceite
- 1/2 cucharadita de sal
- 1/2 cucharadita de pimienta

Para plátanos caramelizados:

- 4 cucharadas de azúcar de coco o azúcar morena vegana
- 1/2 cucharadita de canela molida o nuez moscada
- 4 plátanos maduros, en rodajas
- 4 cucharadas de leche de mielo cualquier otra leche no láctea de su elección

Otros ingredientes:

- 2 panes de masa fermentada de un día o pan rústico, en rodajas

Instrucciones:

1. Agregue todos los ingredientes para la masa tostada francesa en una licuadora y mezcle hasta que quede suave.
2. Vierta en un tazón poco profundo.
3. Coloque una sartén sobre una llama mediana. Agregue una cucharadita de aceite y gire la sartén para esparcir el aceite.

4. Sumerja una rebanada de pan en la masa y déjela reposar en la masa durante 2 segundos. Voltee los lados y deje que permanezca en la masa durante 2 segundos. Agitar para dejar caer el exceso de masa y colocar la rebanada de pan en la sartén. Coloque tantas rodajas como puedan caber en la sartén.

5. Baje el fuego a medio-bajo y cocine hasta que la parte inferior esté dorada. Voltee los lados y cocine el otro lado hasta que esté dorado. Si las rebanadas de pan sonde color dorado en marrón, es posible que le resulte difícil voltear los lados, así que espere hasta que esté dorada. Retirar sobre un plato.

6. Repita los pasos 3-5 y fríe las rebanadas de pan restantes. Coloque algunos plátanos caramelizados en la parte superior y sirva.

7. Mientras tanto, haz los plátanos caramelizados como: Añade todos los ingredientes del plátano caramelizado en una sartén. Coloque la sartén a fuego medio. Revuelva de vez en cuando y cocine hasta que el jarabe esté espeso.

Tostadas de frijol blanco y aguacate

Número de porciones: 2

Valores nutricionales por porción:

Calorías – 230, Grasa – 9 g, Carbohidrato – 35 g, Fibra – 11 g, Proteína – 11 g

Ingredientes:

- 2 rebanadas de pan integral, tostado
- 1 taza de frijoles blancos enlatados, enjuagados, escurridos
- 1/2 taza de puré de aguacate
- Sal kosher al gusto
- Pimienta roja triturada al gusto
- Pimienta al gusto

Instrucciones:

1. Mezcle el aguacate y los frijoles en un tazón y revuelva.
2. Esparza la mezcla de aguacate sobre las rodajas de pan. Espolvorea sal, pimienta y pimiento rojo triturado en la parte superior y sirve.

Mexi-Melt

Número de porciones: 2

Valores nutricionales por porción:

Calorías – 124, Grasa – 3 g, Hidratos de carbono – 17 g, Fibra – 3 g, Proteína – 7 g

Ingredientes:

- 4 cucharadas de frijoles enlatados, sin grasa y refritos
- 2 cucharadas de salsa
- 2 rebanadas de pan de trigo integral, tostado
- 2 cucharadas ralladas de extremo salo mexicano queso Jack

Instrucciones:

1. Unta 2 cucharadas de frijoles refritos en cada tostada.
2. Rocía 1 cucharada de salsa y espolvorea queso en la parte superior. Colocar en una placa de microondas.
3. Microondas en alta durante 45 segundos o hasta que el queso se derrita.
4. Servir inmediatamente.

Tostadas de Mantequilla de Cacahuete-Banana y canela

Número de porciones: 2

Valores nutricionales por porción:

Calorías – 266, Grasa – 9 g, Carbohidrato – 38 g, Fibra – 5 g, Proteína – 8 g

Ingredientes:

- 2 rebanadas de pan de trigo integral, tostado
- 2 plátanos pequeños, en rodajas
- 2 cucharadas de mantequilla de maní
- Canela molida para decorar

Instrucciones:

1. Esparce una cucharada de mantequilla de maní en cada una de las rebanadas de pan.
2. Coloque una capa de rodajas de plátano en cada tostada.
3. Decorar con canela y servir.

Tostadas cremosas de espinacas

Número de porciones: 3

Valores nutricionales por porción:

Calorías – 60, Grasa – 2 g, Carbohidratos – 12 g, Fibra – NA, Proteína – 6 g

Ingredientes:

- 3 cucharadas de queso mozzarella rallado
- 3 rebanadas de pan de trigo integral, ligeramente tostado

Para cobertura de espinacas:

- 4.5 onzas de espinacas ralladas
- 2 cucharadas de cebolla picada
- 1 cucharadita de almidón de maíz
- 1/2 cucharadita de bicarbonato de sodio
- 1/2 cucharada de mantequilla de equilibrio de la Tierra
- 1 chile verde, cortado en rodajas finas
- 2 cucharadas de leche baja en grasa
- Sal al gusto
- Pimienta al gusto

Instrucciones:

1. Coloque una sartén antiadherente a fuego medio. Agregue la mantequilla vegana. Cuando se derrita, agregue la cebolla y los chiles y saltee hasta que la cebolla se vuelva rosa.
2. Agregue las espinacas y el bicarbonato de sodio y cocine hasta que las espinacas se marchiten.
3. Batir la maicena y la leche en un tazón y verter en la sartén. Revuelva constantemente hasta que quede espeso. Agregue sal y pimienta al gusto. Retirar del fuego y dejar que se enfríe por completo.
4. Esparce 1/3 de las espinacas sobre cada rebanada de pan. Espolvorea el queso encima.
5. Cocine en un horno precalentado durante unos minutos hasta que el queso se derrita.

6. Servir caliente.

Tostadas de Queso Masala

Número de porciones: 2

Valores nutricionales por porción:

Calorías – 90, Grasa – 4 g, Carbohidrato – 14 g, Fibra – NA, Proteína – 3 g

Ingredientes:

- 2 rebanadas de pan de trigo integral
- 1/4 de taza de verduras finamente picadas, hervidas y mezcladas (guisantes, coliflor, pimiento y repollo)
- 1 cucharada de cebolla de corte
- 2 cucharadas de puré de patatas hervidas
- 1 cucharada de cilantro fresco picado
- Sal al gusto
- Un polvo de chile pizca
- 1/2 chile verde, en rodajas
- 2 cucharadas de queso mozzarella rallado
- 1 cucharadita de garam masala
- 1 1/2 cucharadas de aceite

Instrucciones:

1. Coloque una sartén antiadherente a fuego medio. Agregue aceite. Cuando el aceite esté caliente, agregue la cebolla y el chile verde y revuelva. Cocine un minuto.
2. Agregue las verduras, la sal, las especias, el puré de patata y el cilantro y mezcle bien. Calienta bien. Dejar enfriar durante 10 minutos.
3. Tosta las rebanadas de pan
4. Esparce la mitad de la mezcla de verduras sobre cada rebanada de pan. Espolvorea el queso encima.
5. Cocine en un horno durante un par de minutos hasta que el queso se derrita.
6. Servir caliente.

Tostadas Quark y Pepino

Número de porciones: 2

Valores nutricionales por porción:

Calorías – 141, Grasa – 5 g, Carbohidrato – 14 g, Fibra – 2 g, Proteína – 8 g

Ingredientes:

- 2 rebanadas de pan integral
- 1/4 de taza de pepino picado
- Sal marina al gusto
- 1/4 de taza de queso quark
- 2 cucharadas de hojas de cilantro picadas

Instrucciones:

1. Tostar las rebanadas de pan hasta el hecho deseado.
2. Esparce una cucharada de queso quark en cada tostada.
3. Dispersión de pepino y cilantro.
4. Sazonar con sal y servir.

Sándwich de Maíz y Capsicum a la parrilla

Número de porciones: 2

Valores nutricionales por porción:

Calorías – 160, Grasa – 2 g, Carbohidrato – 30 g, Fibra – NA, Proteína – 4 g

Ingredientes:

- 4.2 onzas de granos de maíz cocidos
- 2 cucharadas de cebolla finamente picada
- 1 chile verde en rodajas
- Sal al gusto
- Pimienta al gusto
- 3 cucharadas de pimientos finamente picados
- 2 dientes grandes de ajo, pelados, picados
- 2 cucharadas de mantequilla o mantequilla vegana

Instrucciones:

1. Coloque una sartén antiadherente a fuego medio. Agregue 1/2 cucharada de mantequilla. Cuando la mantequilla se derrita, agregue el ajo, la cebolla y el chile verde y saltee unos segundos hasta que sean aromáticos.
2. Agregue el maíz y el pimiento. Sazonar con sal y pimienta. Cocine un par de minutos. Apaga el fuego.
3. Divida la mezcla en 2 porciones y extienda cada porción en 1 rebanada de pan.
4. Cubra con el resto de la salsa y el pan.
5. Esparce la mantequilla restante a cada lado de los sándwiches.
6. Asar el sándwich hasta que esté dorado y sirva.

Sándwich Veggie

Número de porciones: 2

Valores nutricionales por porción: 1 sándwich con 1 clementina

Calorías – 174, Grasa – 6 g, Hidratos de carbono – 27 g, Fibra – 3 g, Proteína – 6 g

Ingredientes:

- 4 rebanadas de pan de grano germinado
- 2 cucharadas de hummus
- 8 rodajas de pepino
- 2 cucharadas de zanahoria rallada
- 1/2 aguacate pelado, deshuesado
- Sal al gusto
- 4 rodajas de tomate
- 2 clementinas, peladas, separadas en segmentos, desembradas

Instrucciones:

1. Esparce el aguacate en 2 rebanadas de pan. Espolvorea sal sobre ella.
2. Coloque las rodajas de tomate y pepino sobre él. Dispersa la zanahoria encima.
3. Esparce el hummus en las 2 rebanadas de pan restantes. Cubre los sándwiches con estas rodajas, con el lado del hummus hacia abajo.
4. Cortar en la forma deseada y servir con clementina.

Sándwiches de queso de cabra caliente, remolacha y rúcula

Número de porciones: 2

Valores nutricionales por porción:

Calorías – 261, Grasa – 20 g, Hidratos de carbono – 13 g, Fibra – 2 g, Proteína – 10 g

Ingredientes:

- 1 cucharadita de vinagre balsámico
- 1 1/2 cucharadas de aceite de oliva
- 4 rebanadas de pan (1/2 pulgada de grosor) de un pan de campo redondo
- 1/2 lata (de una lata de 14,5 onzas) de remolacha en rodajas, escurrida
- 3 onzas de queso de cabra suave y suave, ablandado
- 8 hojas grandes de rúcula
- 1/4 de cucharadita de mostaza Dijon
- 2 rodajas de cebolla roja muy finas, separe los anillos
- Sal al gusto
- Pimienta al gusto

Instrucciones:

1. Agregue el vinagre, la sal, la pimienta y la mostaza Dijon en un tazón y revuelva.
2. Agregue 1 cucharada de aceite y bate bien. Agregue la remolacha y revuelve bien.
3. Coloque las rebanadas de pan en una bandeja para hornear. Cepille el aceite encima de las rodajas de pan.
4. Espolvorea sal y pimienta.
5. Ponga el horno en modo de engorde. Coloque el bastidor a 6 pulgadas del elemento calefactor.
6. Coloque la bandeja para hornear en el horno y cocine a la cocción durante 1-2 minutos.
7. Saca 2 rebanadas de pan del horno y reserva. Voltee las 2 rebanadas de pan restantes. Divida el queso de cabra y extiéndalo sobre las rebanadas de pan.
8. Cocine por un minuto más.

9. Coloque las rodajas de remolacha, la cebolla y la rúcula. Cubrir con el restante 2 rebanadas de pan, con el lado tostado hacia arriba.
10. Cortar en la forma deseada y servir.

Capítulo Diez: Recetas para hornear de desayuno a base de plantas (muffins, panes, scones, etc.)

Muffins de chocolate

Número de porciones: 6

Valores nutricionales por porción:

Calorías – 105, Grasa – 1 g, Carbohidrato – 23 g, Fibra – NA, Proteína – 5 g

Ingredientes:

- 1/2 lata (de una lata de 15 onzas) frijoles negros, escurridos
- 5 cucharadas de azúcar de palma de coco
- 2 cucharadas de compota de manzana sin endulzar
- 1 1/2 cucharadas de semillas de lino molidas
- 1/2 cucharadita de polvo de raíz de flecha
- 1/8 de cucharadita de sal o al gusto
- 6 cucharadas de cacao en polvo
- 1/2 plátano pequeño, en rodajas
- 3 cucharadas de agua
- 3/4 de cucharadita de polvo de hornear

- 1/2 cucharadita de extracto de vainilla

Instrucciones:

1. Añadir todos los ingredientes en una batidora y mezclar hasta que esté bien incorporado.
2. Engrasar una lata de muffin de 6 recuentos con un poco de spray de cocina. Coloque revestimientos desechables en él.
3. Divida la mezcla entre las tazas de magdalenas.
4. Hornee en un horno precalentado a 350 oF durante unos 25-30 minutos o hasta que la parte superior esté marrón y crocante en un par de lugares.
5. Retirar del horno y colocar en una rejilla de alambre para enfriar.
6. Retirar de la lata de magdalenas y servir.

Muffins de chip de chocolate oscuro y cerezas

Número de porciones: 18

Valores nutricionales por porción:

Calorías – 192, Grasa – 9 g, Hidratos de carbono – 26 g, Fibra – 1 g, Proteína – 2.5 g

Ingredientes:

- 3/4 de taza de avena molida
- 2 cucharaditas de polvo de hornear
- 1 cucharadita de bicarbonato de sodio
- 1/2 cucharadita de sal
- 2 tazas de harina de pasta de trigo integral o harina todo proposito
- 1/2 taza de azúcar morena vegana
- 1 1/2 tazas de leche de almendras
- 2 tazas de cerezas
- 1/2 taza de aceite de coco derretido o aceite de oliva o aguacate
- 2 cucharaditas de extracto de almendra
- 1/2 taza de chocolate negro sin lácteos picado, dividido

Instrucciones:

1. Agregue todos los ingredientes secos y el azúcar morena en un tazón de mezcla y revuelva.
2. Batir todos los ingredientes húmedos en otro tazón.
3. Vierta los ingredientes húmedos en el tazón de ingredientes secos y revuelva hasta que se incorporen. No mezcle en exceso.
4. Agregue las cerezas y la mayor parte del chocolate y pliegue suavemente.
5. Engrase tres moldes de magdalenas de 6 moldescon un poco de spray de cocina. Coloque revestimientos desechables en él.
6. Divida la mezcla entre las tazas de magdalenas.
7. Hornee en un horno precalentado a 350 oF durante unos 25-30 minutos o hasta que la parte superior esté dorada y agrietada en un par de lugares.
8. Retirar del horno y colocar en una rejilla de alambre para enfriar.
9. Retirar del molde de magdalenas y servir.

10. Almacene las sobras en un recipiente hermético a temperatura ambiente durante un máximo de 3 días o en el refrigerador durante un máximo de 7 días.
11. Calienta los muffins y sirve.

Muffins de nuez y plátano

Número de porciones: 4

Valores nutricionales por porción:

Calorías – 370, Grasa – 16 g, Carbohidrato – 50 g, Fibra – 6 g, Proteína – 7 g

Ingredientes:

- 1 taza de harina de trigo integral
- Una pizca de sal
- 6 cucharadas de azúcar morena vegana
- 1 huevos de lino (batir 1 cucharada de linaza molida con 3 cucharadas de agua y enfriar durante 15 minutos)
- 2 plátanos maduros, en puré
- 1 cucharadita de extracto de vainilla
- 2 cucharadas de mantequilla vegana
- 1/2 taza de nueces

instrucciones:

1. Agregue el plátano, el azúcar morena, el bicarbonato de sodio y la sal en un tazón de mezcla y bate bien.
2. Agregue el huevo de lino, el extracto de vainilla, la mantequilla vegana derretida y mezcle.
3. Agregue la harina y pliegue hasta que se mezcle. No mezcle en exceso.
4. Engrase 4 tazas de magdalenas. Divida y vierta la masa en los moldes.
5. Espolvorea nueces sobre ella,
6. Hornee en un horno precalentado a 375 oF durante unos 25 a 30 minutos o un palillo de dientes cuando se inserte sale limpio.
7. Retirar del horno y dejar que se enfríe por un tiempo. Invertir en un plato y quitar los muffins y servir caliente.

Magdalenas inglesas con Mantequilla de Cacahuete, mermelada de bayas y chía

Número de porciones: 2

Valores nutricionales por porción: 2 magdalenas

Calorías – 262, Grasa – 9 g, Hidratos de carbono – 40 g, Fibra – 9 g, Proteína – 10 g

Ingredientes:

- 1 taza de bayas congeladas mezcladas, sin endulzar
- 4 cucharaditas de mantequilla de maní natural
- 4 cucharaditas de semillas de chía
- 2 magdalenas inglesas de trigo integral, divididas

Instrucciones:

1. Coloque las bayas en un tazón seguro para microondas. Microondas en alta durante unos 2 minutos, revolviendo cada 30 segundos.
2. Agregue las semillas de chía y mezcle bien.
3. Esparce una cucharadita de mantequilla de maní en cada mitad de muffin. Divida la mezcla de bayas y extiéndala en cada mitad.
4. Servir.

Pan de trigo integral

Número de porciones: 2 panes

Valores nutricionales por porción: 1.2 onzas cada rebanada

Calorías – 84, Grasa – 1.6 g, Carbohidrato – 15.1 g, Fibra – 0.6 g, Proteína – 2.1 g

Ingredientes:

- 4 tazas de harina de pan
- 2 tazas de harina de trigo integral
- 2 cucharadas de azúcar vegana
- 4 1/2 cucharaditas de levadura seca activa
- 2 cucharaditas de sal
- 4 cucharadas de aceite de oliva virgen extra
- 2 tazas de agua tibia (un poco más que el agua tibia de Luke)

Instrucciones:

1. Para un tazón grande, agregue harina de trigo integral, harina de pan, azúcar, sal y levadura. Mezclar hasta que esté nado.
2. Vierta suavemente el aceite de oliva y el agua. Mezclar bien y amasar en masa. Amasar durante 10 minutos ya sea con las manos o en un procesador de alimentos equipado con el accesorio de amasar la masa a baja velocidad.
3. Engrasa un tazón liberalmente con un poco de aceite. Coloque la masa en el tazón. Gire la masa en el tazón para que la masa esté recubierta con aceite.
4. Dejar el tazón libremente y mantener a un lado durante 45 minutos o hasta que la masa duplique su tamaño.
5. Perforar la masa y dividir en 2 porciones. Forma en pan y colócalo en 2 sartenes
6. Cubra las bandejas de pan holgadamente con una envoltura de plástico engrasada. Mantener en una zona caliente durante unos 45 minutos o hasta que la masa se eleve de nuevo.
7. Hornee en un horno precalentado a 450 oF durante unos 10 minutos.
8. Bajar la temperatura a 350 oF y hornear durante 30 minutos. Retirar del horno y dejar que se enfríe en la rejilla de alambre.
9. Cortar en rodajas de aproximadamente 1.2 onzas y servir.

Mini magdalenas de arándanos

Número de porciones: 6

Valores nutricionales por porción: 2 mini magdalenas

Calorías – 106, Grasa – 5 g, Carbohidrato – 16 g, Fibra – 2 g, Proteína – 1 g

Ingredientes:

- 3/4 de taza de avena laminada
- 1/2 cucharadita de bicarbonato de sodio
- 1/2 cucharadita de polvo de hornear
- 1/2 cucharadita de sal
- 3 cucharadas de azúcar morena clara envasada
- 1/2 cucharada de semillas de lino molidas
- 6 cucharadas de arándanos, picar si es más grande en tamaño
- 1 1/2 cucharadas de agua
- 1/4 de taza de compota de manzana sin endulzar
- 1 1/2 cucharadas de aceite de canola
- 1/2 cucharadita de extracto de vainilla

Instrucciones:

1. Engrasar una lata de magdalenas de 12 cuentas con spray de cocción y reserva.
2. Agregue la avena en una licuadora y procese hasta que esté finamente en polvo.
3. Agregue el resto de los ingredientes secos y pulse durante unos segundos hasta que esté bien incorporado.
4. Añadir el resto de los ingredientes excepto los arándanos y procesar hasta que quede suave.
5. Vierta la masa en la bandeja de magdalenas. Espolvorea arándanos en cada taza. Revuelve ligeramente.
6. Hornee en un horno precalentado a 350 oF durante unos 25 a 30 minutos o un palillo de dientes cuando se inserte sale limpio.
7. Retire el horno y déjelo enfriar por un tiempo. Invertir en un plato y quitar los muffins y servir caliente.

Tartas de Pan / miniMuffins de Banana y Fresa

Número de porciones: 12 panes o 18 magdalenas

Valores nutricionales por porción: Para 1 mini pan

Calorías – 87, Grasa – 3 g, Carbohidrato – 15 g, Fibra – 1 g, Proteína – 1 g

Valores nutricionales por porción: Para 1 muffin

Calorías – 58, Grasa – 2 g, Carbohidrato – 10 g, Fibra – 1 g, Proteína – 1 g

Ingredientes:

- 1/3 taza de lechc dc coco
- 3 cucharaditas de semillas de chía
- 1/2 cucharada de vainilla
- 1 1/2 cucharaditas de polvo de hornear
- 1/2 taza de fresas frescas finamente picadas
- 1/2 taza de puré de plátanos maduros
- 1 1/2 cucharadas de jarabe de arce
- 1 cucharada de aceite de coco, derretido
- 1/2 taza + 2 cucharadas de mezcla de harina sin gluten
- 1/2 cucharada de canela molida

Instrucciones:

1. Agregue todos los ingredientes húmedos excepto las fresas en un tazón grande y bate bien. Reservar durante 5 minutos.
2. Agregue todos los ingredientes secos en otro tazón y revuelva.
3. Agregue los ingredientes secos en el tazón de ingredientes húmedos y mezcle bien.
4. Agregue las fresas y pliegue suavemente.
5. Para hacer mini panes: Engrasar una mini lata de pan de 12 cuenta con spray de cocción de aceite de oliva. Divida y vierta la masa en la lata de pan.
6. Hornear en un horno precalentado a 3500 F durante 10-12 minutos o un palillo de dientes cuando se inserta en el centro del pan sale limpio.

7. Para hacer magdalenas: Engrasa 3 mini latas de magdalenas de 6 moldes cada una con aceite de oliva. Divida y vierta la masa en la lata de magdalenas.
8. Hornear en un horno precalentado a 3500 F durante 8-12 minutos o un palillo de dientes cuando se inserta en el centro del pan sale limpio.
9. Servir caliente.

Pan de calabaza con harina de quinua

Número de porciones: 5

Valores nutricionales por porción: 1 rebanada

Calorías – 215, Grasa – 7 g, Carbohidrato – 35 g, Fibra – 2 g, Proteína – 3 g

Ingredientes:

- 3/4 de taza + 2 cucharadas de harina de quinua
- 1/2 cucharadita de bicarbonato de sodio
- 1/2 cucharadita de polvo de hornear
- 1/2 cucharadita de canela molida
- 1/2 cucharadita de sal
- 3/4 de cucharadita de especia de pastel de calabaza
- 1/2 taza de puré de calabaza enlatada
- 1/2 cucharadita de extracto de vainilla
- 2 cucharadas de salsa de manzana, sin endulzar
- 2 cucharadas de mini chips de chocolate sin lácteos o nueces picadas o nueces picadas (opcional)
- 1/2 taza de azúcar de coco o cualquier otro azúcar granulado sin refinar
- 2 cucharadas de aceite de coco, derretido
- 1/2 huevo de lino (1/2 cucharada de semillas de lino molidas mezcladas con 1 1/2 cucharadas de agua)

Instrucciones:

1. Engrase una sartén pequeña con spray de cocción.
2. Mezclar los ingredientes del huevo de lino y reservar durante 15 minutos en el refrigerante.
3. Agregue todos los ingredientes húmedos en un tazón y bate hasta que estén bien incorporados.
4. Agregue todos los ingredientes secos en otro tazón y revuelva.
5. Agregue los ingredientes secos en el tazón de ingredientes húmedos y mezcle hasta que se mezclen. No mezcle en exceso.
6. Vierta la masa en la sartén de pan preparada. Coloque el estante en el centro del horno.

7. Hornee en un horno precalentado a 3500 F durante unos 30-40 minutos o hasta que un palillo de dientes cuando se inserte en el centro salga limpio.
8. Deja que se enfríe por completo. Retire el pan de la sartén. Cortar en 5 rodajas iguales y servir.

Pan de calabaza

Número de porciones: 6

Valores nutricionales por porción:

Calorías – 191, Grasa – 7 g, Hidratos de carbono – 31 g, Fibra – 3 g, Proteína – 3 g

Ingredientes:

- 1 huevo de lino (1 cucharada de semilla de lino molido mezclada con 3 cucharadas de agua)
- 6 cucharadas de leche de almendras sin endulzar
- 3 cucharadas de aceite de canola
- 3/4 de taza de puré de calabaza simple (enlatado o cocido)
- 1/2 cucharadita de extracto de vainilla
- 1 taza de harina de trigo integral blanca
- 1/2 cucharadita de especia de pastel de calabaza o canela molida
- 1/4 de taza de chips de chocolate agridulce (opcional)
- 1 cucharadita de polvo de hornear
- 1/2 cucharadita de sal

Instrucciones:

1. Engrase una sartén pequeña con spray para cocinar (puede usar una sartén de pan desechable).
2. Después de mezclar la harina de lino y el agua, colóquelo en el refrigerador durante 15 minutos.
3. Agregue todos los ingredientes húmedos (incluido el huevo de lino) en un tazón de mezcla y bate bien.
4. Agregue todos los ingredientes secos en otro tazón y revuelva. Agregue los ingredientes secos en el tazón de ingredientes húmedos y mezcle hasta que se mezclen. No mezcle en exceso.
5. Vierta la mezcla en la bandeja de pan preparada. Coloque el estante en el centro del horno.
6. Hornee en un horno precalentado a 350 F durante unos 30-40 minutos o hasta que un palillo de dientes cuando se inserte en el centro salga limpio.

7. Deja que se enfríe por completo. Retire el pan de la sartén. Cortar en 6 rodajas iguales y servir.

Pan de manzana y plátano

Número de porciones: 5

Valores nutricionales por porción:

Calorías – 147, Grasa – 0.7 g, Carbohidrato – 33.9 g, Fibra – 3.4 g, Proteína – 2.4 g

Ingredientes:

- 1 plátano muy maduro, puré
- 1/4 de taza de salsa de manzana
- 1/2 cucharadita de sal
- 1/2 cucharada de nucces picadas (opcional)
- 1/2 manzana pelada, sin corazón, picada
- 3/4 de taza + 2 cucharadas de harina de trigo integral
- 1/2 cucharadita de bicarbonato de sodio
- 1/2 cucharadita de canela molida

Instrucciones:

1. Engrase una sartén pequeña con spray para cocinar (puede usar una sartén de pan desechable).
2. Agregue todos los ingredientes en un tazón de mezcla y revuelva hasta que estén bien incorporados.
3. Engrase una sartén pequeña con spray para cocinar (también puede usar una sartén de pan desechable).
4. Vierta la masa en la sartén.
5. Coloque el molde en el centro del horno.
6. Hornee en un horno precalentado a 3500 F durante unos 30-40 minutos o hasta que un palillo de dientes cuando se inserte en el centro salga limpio.
7. Deja que se enfríe por completo. Retire el pan de la sartén. Cortar en 5 rodajas iguales y serve.

Tarta de desayuno de fresa

Número de porciones: 7

Valores nutricionales por porción: 1 rebanada

Calorías – 171, Grasa – 7 g, Carbohidrato – 25 g, Fibra – NA, Proteína – 4 g

Ingredientes:

Para el pastel:

- 1 taza de harina de avena
- 1/2 cucharada de semillas de chía
- 1/2 cucharadita de sal
- 1/2 taza de harina de almendras
- 1 cucharadita de polvo de hornear
- 1/4 de taza de jarabe de arce
- 1/2 cucharadita de extracto de vainilla
- 1/2 taza de fresas frescas picadas
- 1/2 cucharadita de ralladura de limón rallada
- 1/4 de taza de leche de almendras
- 1/2 cucharadita de extracto de almendras

Para glaseado:

- 1/2 taza de anacardos, empapados en agua durante 2-3 horas
- 2 cucharadas de leche de almendras
- 1/2 cucharadita de extracto de vainilla
- 3 cucharadas de jarabe de arce
- 1/4 de taza de fresas cortadas en cubos, divididas

Instrucciones:

1. Coloque una hoja de papel de pergamino en una pequeña bandeja para hornear de aproximadamente 6 x 6 pulgadas. Rocíe un poco de spray de cocina sobre él.
2. Agregue todos los ingredientes secos en un tazón.

3. Agregue el resto de los ingredientes excepto las fresas y mezcle hasta que estén bien incorporados.
4. Agregue las fresas y pliegue suavemente.
5. Vierta la masa en la sartén.
6. Coloque el estante en el centro del horno.
7. Hornee en un horno precalentado a 350 F durante unos 30-40 minutos o hasta que un palillo de dientes cuando se inserte en el centro salga limpio.
8. Deja que se enfríe por completo. Retire el pan de la sartén y colóquelo en un plato de servir.
9. Mientras tanto, haga el glaseado de la siguiente manera: Deje a un lado 2 cucharadas de fresas y agregue el resto de los ingredientes para glaseado en una licuadora y mezcle hasta que quede suave.
10. Transfiera a un tazón. Agregue las fresas restantes y revuelva. Esparce sobre el pastel.
11. Cortar en 7 rodajas iguales y servir.

Brownies para el desayuno llenos de proteínas

Número de porciones: 12

Valores nutricionales por porción:

Calorías – 145, Grasa – 7.6 g, Carbohidrato – 15.3 g, Fibra – 1.8 g, Proteína – 5.1 g

Ingredientes:

- 1/2 taza de harina de trigo integral blanca
- 1 cucharada de proteína a base de plantas en polvo
- 1/2 cucharadita de sal
- 1 taza de avena de cocción rápida
- 2 cucharadas de cacao en polvo sin endulzar
- 1/2 cucharadita de bicarbonato de sodio
- 6 cucharadas de azúcar morena vegana
- 1 huevo de lino (1 cucharada de harina de linazas mezclada con 3 cucharadas de agua)
- 1/3 de taza de aceite de canola
- 1/2 cucharadita de extracto de vainilla
- 1/3 taza de compota de manzana
- 1/2 cucharada de mini chips de chocolate semidulce
- 1 cucharada de nueces picadas

Instrucciones:

1. Deje a un lado la mezcla de harina de linaza en el refrigerador durante 15 minutos.
2. Coloque una hoja de papel de pergamino en una pequeña bandeja para hornear de aproximadamente 6 x 6 pulgadas. Rocíe un poco de spray de cocina sobre él.
3. Agregue todos los ingredientes secos en un tazón y revuelva.
4. Agregue todos los ingredientes húmedos (incluido el huevo de lino) en un tazón de mezcla y bate bien.
5. Agregue los ingredientes secos en el tazón de ingredientes húmedos y mezcle hasta que se mezclen. No mezcle en exceso.

6. Espolvorea nueces y chispas de chocolate. Presione ligeramente las nueces y las patatas fritas de chocolate en la masa.
7. Vierta la masa en la bandeja para hornear preparada. Coloque el estante en el centro del horno.
8. Hornee en un horno precalentado a 3500 F durante unos 15-20 minutos o hasta que un palillo de dientes cuando se inserte en la center salga limpio.
9. Deja que se enfríe por completo.
10. Cortar en 12 cuadrados iguales y servir.

Scones de piña

Número de porciones: 4

Valores nutricionales por porción:

Calorías – 235, Grasa – 8 g, Carbohidrato – 39 g, Fibra – NA, Proteína – 6 g

Ingredientes:

- 1 1/2 tazas de harina de trigo integral
- 1/2 cucharadita de bicarbonato de sodio
- 1/2 cucharada de polvo de hornear
- 1/2 cucharadita de sal
- 6 cucharadas de leche no láctea de su elección
- 3 cucharadas de aceite de coco
- 1/2 lata de piña triturada, escurrida
- 1/2 cucharada de azúcar de coco o azúcar morena
- 1/2 cucharada de romero fresco picado
- 1/2 cucharadita de jugo de limón
- 1 1/2 cucharadas de jarabe de arce
- 1/2 cucharadita de extracto de vainilla
- 1 cucharada de almendras en rodajas
- Spray de cocina

Instrucciones:

1. Agregue todos los ingredientes secos en un tazón y revuelva.

2. Agregue el jugo de limón y la leche en otro tazón y reserve durante unos minutos. Se cuajará. Agregue el jarabe de arce.

3. Pica el aceite de coco congelado en trozos pequeños. Añadir en el tazón de ingredientes secos. Cortar en la ure mezclada con un cortador de pastelería o con las manos hasta que se desmenucen en textura.

4. Agregue la mezcla de leche, un poco a la vez y mezcle cada vez.

5. Agregue la piña y la vainilla. Mezclar hasta que se forme la masa.

6. Desempolva la encimera con un poco de harina. Coloque la masa en la encimera y dé forma a una bola.

7. Aplanar la masa hasta que sea un rectángulo de 2 pulgadas de espesor. Doblar la masa en un cuarto (primero doblar por la mitad y doblar una vez más por la mitad).

8. Ahora enrolla la masa hasta que sea un rectángulo de 1 1/2 pulgadas de grosor.

9. Cortar en círculos o 4 triángulos. Si se corta en círculos recoger la masa de chatarra y volver a enrollar la masa. Repita el paso 7-9 y haga más círculos. Usted debe tener 4 círculos o triángulos en total. Coloque los scones en una bandeja para hornear forrada con papel pergamino.

10. Rocíe un poco de spray sobre los scones. Esparce azúcar de coco, almendras y romero.

11. Coloque el estante en el centro del horno.

12. Hornee en un horno precalentado a 425 F durante unos 10-15 minutos o hasta que se hinche y se dore.

13. Dejar enfriar durante unos minutos en una rejilla de alambre y servir.

Galletas Cheddar de Ajo con Salsa de Salchicha

Número de porciones: 3

Valores nutricionales por porción: 2 galletas con salsa de 1/3 taza

Calorías – 366, Grasa – 11g, Hidratos – 59 g, Fibra – NA g, Proteína – 9 g

Ingredientes:

Para galletas:

- 1 cucharada de jugo de limón
- 6 cucharadas de leche de soja sin endulzar o leche de almendras
- 1 taza de harina multiusos
- 1/2 cucharada de polvo de hornear
- 1/8 cucharadita de polvo de cayena
- 1/2 cucharada de azúcar de caña orgánica
- 1 cucharadita de ajo en polvo
- 3/4 de taza de queso cheddar vegano rallado
- 1/4 de taza de mantequilla vegana congelada

Para cobertura de ajo:

- 1 1/2 cucharadas de mantequilla vegana, derretida
- 1/2 cucharadita de ajo en polvo
- 1 cucharadita de perejil seco

Para la salsa:

- 1 cucharada de aceite de oliva
- 1 cebolla mediana, picada
- 3/4 de taza de leche no láctea sin endulzar de su elección
- 1/2 cucharadita de pimienta
- 1 salchicha vegana, molida o finamente picada
- 1 diente de ajo picado
- 1/2 cucharadita de sal o al gusto
- 1 cucharada de harina multiusos
- 1/8 cucharadita de chile

Para decorar:

- 2 cucharadas de perejil fresco picado o cebollino

Instrucciones:

1. Para hacer galletas: Coloque una hoja de papel pergamino en una bandeja para hornear.
2. Agregue todos los ingredientes secos en un tazón y revuelva.
3. Agregue el jugo de limón y la leche en otro tazón y reserve durante unos minutos. Se cuajará.
4. Pica la mantequilla vegana congelada en trozos pequeños. Añadir en el tazón de ingredientes secos. Cortar en la mezcla con un cortador de pastelería o con las manos hasta que se desmenuce en textura. Agregue el queso y mezcle bien.
5. Añadir la leche, un poco a la vez y mezclar cada vez. Usted tendrá una mezcla húmeda.
6. Divide la mezcla en 6 porciones iguales y forma en bolas. Colocar en una bandeja para hornear forrada con papel pergamino. Deja espacio entre las galletas.
7. Coloque el estante en el centro del horno.
8. Hornee en un horno precalentado a 4250 F durante unos 10-15 minutos o hasta que se ensucien y seque en la parte superior y marrón claro en la parte inferior.
9. Para hacer la cobertura de ajo: Agregue la mantequilla, el ajo en polvo y el perejil en un tazón y revuelva.
10. Cepille esta mezcla en las galletas calientes una vez que esté lista.
11. Mientras tanto, haz la salsa de la siguiente manera: Coloca una sartén sobre una llama mediana. Agregue aceite. Cuando el aceite se caliente, agregue la cebolla y las salchichas y cocine hasta que las salchichas estén doradas.
12. Agregue el ajo y cocine durante un minuto hasta que sea aromático.
13. Esparce la harina de la salchicha y mezcla hasta que esté bien incorporada.
14. Agregue la leche, revolviendo simultáneamente. Baje el fuego a fuego lento y cocine a fuego lento durante 6-7 minutos.

15. Agregue los condimentos y revuelva. Cocine a fuego lento durante unos minutos más hasta que quede grueso en consistencia.

16. Para servir: Coloque 2 galletas en cada plato. Rocía 1/3 de taza de salsa sobre las galletas. Decorar con cebollino y servir.

Bagels faciles de especias y calabaza

Número de porciones: 8

Valores nutricionales por porción:

Calorías – 164, Grasa – 1 g, Hidratos de carbono – 34 g, Fibra – 4 g, Proteína – 5 g

Ingredientes:

- 2 1/2 tazas de harina con polvo de hornear preferiblemente de trigo integral
- 1 cucharadita de especia de pastel de calabaza + extra para decorar
- 2 tazas de puré de calabaza
- 2 cucharaditas de aceite de coco derretido

Instrucciones:

1. Agregue la harina en un tazón de mezcla. Agregue el puré de calabaza, el aceite y la especia del pastel de calabaza en el tazón. Coloque la batidora de soporte con un accesorio de gancho de masa.
2. Ajuste el mezclador a baja velocidad y mezcle hasta que se forme una masa suave. Agregue un poco de agua si es necesario (si la masa está demasiado seca), una cucharada a la vez y mezcle cada vez.
3. Coloque el estante en la posición superior en el horno. Coloque una hoja de papel de pergamino en una bandeja para hornear grande.
4. Enrolle la masa entre las manos en un tronco. Divida en 8 porciones iguales.
5. Enrolle cada porción en un tronco de aproximadamente 9-10 pulgadas y dé forma a bagel. Coloque los panecillos en la bandeja para hornear preparada.
6. Cepille un poco de aceite sobre los bagels. Polvo con especias de pastel de calabaza.
7. Hornee en un horno precalentado a 375 F durante unos 10-15 minutos o hasta que se doren y sequen en la parte superior y estén bien dorados en la parte inferior.
8. Retire la bandeja para hornear del horno y déjela enfriar a temperatura ambiente.
9. Servir.

Capítulo once: Salchichas de desayuno a base de plantas

Salchichas de desayuno clásicas

Número de porciones: 24

Valores nutricionales por porción: 1 enlace

Calorías – 50, Grasa – NA, Carbohidrato – 8 g, Fibra – NA, Proteína – 5 g

Ingredientes:

- 2 latas (15 onzas cada una) de frijoles pintos, escurridos, enjuagados
- 4 cucharadas de harina de garbanzo
- 2 cucharaditas de cebolla en polvo
- 1 cucharadita de romero seco
- 1 cucharada de pasta de tomate
- 2 cucharadas de agua
- 1/2 taza trigo vital
- 1/2 taza de champiñones finamente picados
- 1 cucharadita de haba
- 1 cucharadita de salvia seca
- 1 cucharadita de romero seco
- 2 cucharaditas de cebolla en polvo
- 2 cucharaditas de jarabe de arce
- Sal al gusto
- Pimienta al gusto
- Aceite para freír, según sea necesario

Instrucciones:

1. Pon los frijoles en un tazón y triturar bien con un tenedor.
2. Agregue los ingredientes restantes y revuelva hasta que estén bien combinados. Divida la mezcla en 24 porciones iguales y forma en eslabones de salchichas.
3. Coloque una sartén a fuego medio. Agregue una cucharada de aceite. Cuando el aceite se caliente, coloque algunos eslabones en la sartén y cocine hasta que se dore por todas partes.

4. Repita el paso anterior y cocine los otros enlaces de salchichas.
5. Servir. Si desea guardarlos, cocine hasta que estén claros. Enfríe completamente y transfiera a un recipiente de aire. Refrigere hasta su uso. Puede durar 3-4 días o colocar en una bolsa de seguridad congelador y congelar durante aproximadamente un mes.

Salchichas de semilla de cáñamo y garbanzo

Número de porciones: 10

Valores nutricionales por porción:

Calorías – 85, Grasa – 3.9 g, Carbohidrato – 9.4 g, Fibra – 2.5 g, Proteína – 4.3 g

Ingredientes:

- 1/2 lata (de una lata de 15 onzas) de frijoles pintos, escurridos, enjuagados
- 5 cucharadas de harina de garbanzo (harina de frijol garbanzo)
- 1/2 cucharada de salsa vegana Worcestershire
- 1/2 taza de semillas de cáñamo con cáscara
- 1 cucharada de semillas de lino molido o semillas de chía molida
- 1 cucharada de jarabe de arce puro
- 1 cucharada de perejil seco
- 1/2 cucharadita de tomillo seco
- 1 cucharada de orégano seco
- 1 cucharadita de ajo en polvo
- 3/4 de cucharadita de pimentón ahumado
- 1/2 cucharadita de chile en polvo
- 1/8 cucharadita de pimienta de cayena (opcional)
- 3/4 de cucharadita de comino molido
- 1/2 cucharadita de sal o al gusto
- 1/2 cucharadita de pimienta o al gusto
- 1/2 cucharadita de aceite de oliva
- 1/2 cucharadita de humo líquido
- 1/2 taza de agua caliente hirviendo

Instrucciones:

1. Coloque las especias y la salsa Worcestershire en un tazón. Vierta agua caliente hirviendo sobre ella. y dejar a un lado.
2. Agregue 4 cucharadas de harina de garbanzo, harina de linaza y semillas de cáñamo en un tazón y revuelva.

3. Coloque una sartén a fuego medio. Agregue aceite. Cuando el aceite se caliente, agregue los frijoles y la mezcla de especias. Calienta bien, machacando simultáneamente.
4. Agregue la harina de garbanzo restante y mezcle bien. Calienta bien. Apaga el fuego. Transfiera la mezcla al tazón de harina de garbanzo. Mezclar hasta que esté bien incorporado.
5. Enfríe completamente y refrigere durante 2-3 horas.
6. Divida la mezcla en 10 porciones iguales y forma en empanadas. Colocar en una bandeja para hornear forrada con hoja de pergamino.
7. Hornee en un horno precalentado a 3750 F durante unos 10-15. Voltee los lados y hornee el otro lado durante 10-15 minutos.
8. Retirar de la sartén y servir caliente. Enfríe las sobras por completo y transfiera a un recipiente Puede durar 4 días o colocarse en el congelador durante 2 meses. Para servir, coloque las salchichas en una sartén térmica con un spray de cocción.

Salchichas veganas caseras

Número de porciones: 8

Valores nutricionales por porción: 1 salchicha

Calorías – 123, Grasa – 2 g, Hidratos de carbono – 7 g, Fibra – 1 g, Proteína – 18 g

Ingredientes:

- 1 cucharada de aceite de canola
- 2 dientes de ajo picados
- 2 cucharadas de pasta de tomate
- 1 cucharadita de semillas de comino
- 1 cebolla blanca grande, picada
- 1/2 taza de garbanzos cocidos
- 1/4 de cucharadita de sal o al gusto
- 1 cucharadita de pimentón ahumado
- 1/2 taza de agua
- 1 cucharadita de tomillo seco
- 2 cucharadas de salsa de soja
- 1 1/2 tazas de gluten de trigo vital

Instrucciones:

1. Coloque una sartén a fuego medio. Agregue aceite. Cuando el aceite se caliente, agregue la cebolla y el ajo y saltee hasta que la cebolla se vuelva translúcida.
2. Agregue las semillas de comino e hinojo. Cocine hasta que sea aromático. Apaga el fuego.
3. Agregue los garbanzos, la mezcla de cebolla, el tomillo, la salsa de soja, la pasta de tomate, la sal, el pimentón y el agua en el tazón del procesador de alimentos. Proceso hasta que nos incorporemos.
4. Agregue el gluten de trigo vital y procese hasta que se forme la masa.
5. Coloque una olla medio llena de agua y ponga a hervir a fuego alto. Cuando empiece a hervir, baje el fuego y deje que el agua hierva a fuego lento.
6. Divida la mezcla de salchichas en 8 porciones iguales y dé forma a cada uno en un tronco como salchicha.

7. Envuelva cada salchicha en papel pergamino y luego envuelva en papel de aluminio. Gire y selle los extremos y coloque las salchichas en una cesta humeante.
8. Coloque la cesta humeante en el agua hirviendo. Cubra la olla y deje que las salsas se cocinen durante 40 minutos. Voltear los lados a mitad de camino a través del vapor.
9. Retirar de la olla y dejar que se enfríe durante algún tiempo. Deseche el papel de aluminio y el papel de pergamino.
10. Utilícelo según sea necesario. Almacene las sobras en un recipiente hermético. Puede durar 4 días en el refrigerador y durante 2 meses en el congelador.

"salchicha" Patties vegetariana

Número de porciones: 4

Valores nutricionales por porción:

Calorías – 195, Grasa – 8 g, Carbohidrato – 24.8 g, Fibra – 4 g, Proteína – 7.9 g

Ingredientes:

- 1/2 taza de lentejas, enjuagadas, empapadas en agua para una hora, escurridas
- 1 diente de ajo picado
- Sal al gusto
- 1/4 de taza de avena laminada
- 1 cucharada de jarabe de arce
- 1/2 cucharadita de semillas de ideo
- 2 cucharadas de aceite de oliva
- 1 taza de agua
- 1 cebolla pequeña, picada gruesa
- 4 onzas de champiñones marrones, descuartizados
- 1 cucharada de semillas de lino molidas
- 1/2 cucharadita de salvia seca
- Pimienta recién molida al gusto

Instrucciones:

1. Vierta el agua en una cacerola. Coloque la cacerola a fuego medio-alto. Agregue las lentejas, la cebolla, la sal al gusto y el ajo y ponga a hervir.
2. Baje el fuego a medio-bajo y cocine hasta que esté suave. No cubra mientras cocina. Apaga el fuego. Escurra el exceso de líquido de la cacerola.
3. Mientras tanto, agregue los champiñones en el procesador de alimentos y pulse hasta que estén finamente picados.
4. Cuando las lentejas estén cocidas, agregue lentejas, avena, sirop de arce, semillas de linaza, agregue salvia y sal al gusto en la licuadora con setas. Procesar hasta que la mezcla sea gruesa en textura.
5. Transfiera a un tazón. Divida la mezcla en 4 porciones iguales y forma en empanadas.
6. Coloque una sartén antiadherente grande a fuego medio. Agregue aceite. Cuando el aceite esté caliente, coloque las empanadas en la sartén y cocine hasta que la parte inferior esté dorada. Voltee los lados y cocine el otro lado hasta que esté dorado.
7. Servir caliente o usar según sea necesario.

'tocino' vegano

Número de porciones: 32 rebanadas

Valores nutricionales por porción:

Calorías – 15, Grasa – 1 g, Hidratos – 1 g, Fibra – 0.4 g, Proteína – 0.2 g

Ingredientes:

- 3 cucharadas de aceite de oliva
- 2 cucharadas de salsa vegana Worcestershire
- 2 cucharaditas de pimentón ahumado
- 1 berenjena grande
- 2 cucharadas de aceite de oliva
- 1 cucharada de jarabe de arce
- 1/2 cucharadita de comino molido

Instrucciones:

1. Cortar la berenjena en 2 mitades a lo largo. A continuación, corte cada mitad en 16 tiras de 1/4 de pulgada de espesor.
2. Coloque una hoja de papel pergamino en cada una de las 3 hojas para hornear.
3. Coloque las rodajas de berenjena en las bandejas para hornear.
4. Agregue el resto de los ingredientes en un tazón y bate bien. Cepille esta mezcla a cada lado de las rodajas de berenjena.
5. Hornee en un horno precalentado a 250 F durante unos 45 a 50 minutos. Voltee los lados a mitad de camino horneando.

Capítulo Doce: Recetas de Desayuno A base de Plantas con Frijoles y Lentejas

Frijoles Al Horno Griegos

Número de porciones: 2

Valores nutricionales por porción:

Calorías – 276, Grasa – 10 g, Hidratos de carbono – 26.4 g, Fibra – 10.4 g, Proteína – 15 g

Ingredientes:

- 1/2 cucharada de aceite de oliva virgen extra
- 2 dientes de ajo, finamente picados
- 1 lata (14.5 onzas) de tomates picados
- Un orégano seco con pellizco
- 2.2 onzas de queso feta, desmenuzado
- 1/2 lata (de una lata de 23.2 onzas) frijoles de mantequilla grandes
- 1 cucharada de perejil de hoja plana picado
- 1 cebolla pequeña, finamente picada
- 1/2 cucharada de puré de tomate
- 1/2 cucharadita de canela molida

- 2 rodajas de masa fermentada, tostadas

Instrucciones:

1. Coloque una sartén a prueba de horno a fuego medio. Agregue aceite. Cuando el aceite esté caliente, agregue la cebolla y el ajo y saltee durante un par de minutos.
2. Agregue un poco de sal y saltee hasta que la cebolla se vuelva translúcida.
3. Agregue el puré de tomate y revuelva durante unos 50-60 segundos.
4. Agregue los frijoles, los tomates, el orégano y la canela y mezcle bien. Apague el fuego y transfiera la sartén a un horno.
5. Hornee en un horno precalentado a 3200 F durante unos 25 minutos o hasta que esté espeso. Revuelve de vez en cuando.
6. Tostar las rebanadas de pan de masa fermentada si lo desea.
7. Espolvorea feta y perejil sobre los frijoles y sirve junto con rodajas de pan de masa fermentada.

batata, y Quinoa hamburguesa de vegetales

Número de porciones:

Valores nutricionales por porción: 1 hamburguesa con 1 rodaja de pimienta asada, sin bollo

Calorías – 202, Grasa – 6.1 g, Carbohidrato – 29.6 g, Fibra – 5.8 g, Proteína – 7 g

Ingredientes:

- 2 batatas pequeñas
- 1/2 cup de cebada seca
- 4 cucharadas de perejil picado
- 3 cucharaditas de comino molido
- 1 cucharadita de pimienta o al gusto
- 1/4 de taza de aceite de oliva
- 2 latas (15 onzas cada una) de garbanzos, enjuagados, escurridos
- 1/2 taza de quinua
- 1 cucharadita de pimienta de cayena
- 1 cucharadita de sal o al gusto
- 1/4 de taza de harina de trigo integral
- 3 pimientos rojos, descuartizados

Instrucciones:

1. Coloque las batatas y los pimientos rojos en una bandeja para hornear.
2. Asar en un horno precalentado a 4000 F durante unos 40-60 minutos o hasta que esté suave.
3. Retire los pimientos rojos después de 15 minutos o asando y continúe con las batatas durante unos 45 minutos o hasta que estén cocidos. Retirar del horno y enfriar.
4. Mientras tanto, cocine la cebada y la quinua en sartenes separados, siguiendo las instrucciones del paquete.
5. Agregue las batatas, los garbanzos, el perejil, la pimienta de cayena, el comino, la sal, la pimienta, la harina y aproximadamente 2 cucharadas de aceite a un procesador de alimentos. Pulse hasta obtener una mezcla desmenuzada.

6. Transfiera a un tazón grande. Agregue la quinua cocida y la cebada. Mezcla bien.

7. Divida la mezcla en 8 porciones. Usando las manos, forme en empanadas de aproximadamente 4 noches de diámetro.

8. Coloque una sartén antiadherente a fuego medio. Agregue una cucharada de aceite. Cocine las empanadas en tandas. Cocine hasta que la parte inferior esté dorada. Voltee los lados y cocine el otro lado hasta que esté dorado. Agregue aceite a cada lote de hamburguesas.

9. Coloque la empanada con un trozo de pimienta asada y sirva como está o sobre bollos.

Frijoles al horno

Número de porciones: 2

Valores nutricionales por porción: Sin tocino y opciones de porción

Calorías – 190, Grasa – 3.2 g, Carbohidrato – 26.7 g, Fibra – 6.2 g, Proteína – 13.9 g

Ingredientes:

Para tocino tempeh: Opcional

Ingredientes:

- 2 onzas de tempeh, picado
- 1/2 cucharadita de sirope de arce o néctar de agave
- 1/2 cucharadita de comino molido
- 1/2 cucharadita de tamari o soja sauce
- 1/8 cucharadita de salsa picante roja o pimentón
- Un poco de aceite para freír

Para frijoles horneados:

- 1 diente de ajo picado
- 1/2 cucharada de jarabe de arce o néctar de agave
- Pimienta al gusto
- 1/2 lata (de una lata de 15 onzas) frijoles cannellini
- 1 cebolla roja pequeña, picada
- 1/2 cucharada de tamari o salsa de soja
- 1/4 de taza de puré de tomate
- Un poco de aceite para cocinar

Instrucciones:

1. Para hacer tocino tempeh: Deja a un lado el tempeh y agrega el resto de los ingredientes en un tazón y mezcla bien.
2. Coloque tempeh en la mezcla durante un par de minutos.

3. Coloque una sartén sobre la coma h media-alta. Añade un poco de aceite. Cuando el aceite se caliente, coloque el tempeh en la sartén y cocine hasta que la parte inferior esté dorada y crujiente. Voltee los lados y cocine el otro lado hasta que esté ndorado y crujiente.

4. Retire el tocino tempeh con una cuchara ranurada y colóquelo en un plato forrado con toallas de papel.

5. Para hacer frijoles horneados: Vuelva a colocar la sartén a fuego medio. Agregue aceite. Cuando el aceite esté caliente, agregue la cebolla y el ajo y cocine hasta que estén dorados.

6. Agregue el jarabe de arce, puré de tomate, pimienta y salsa de soja y mezcle bien. Cocine a fuego lentoo un par de minutos.

7. Agregue los frijoles. Agregue el tocino y los frijoles y cocine hasta que estén espesos. Revuelva con frecuencia.

8. También puedes usar cualquier otro tipo de tocino vegano.

9. Servir como es o con tostadas o una parte del desayuno inglés completo.

Desayuno rapido de Quinua , chile vegano y frijol negro

Número de porciones: 8

Valores nutricionales por porción:

Calorías – 343, Grasa – 8.8 g, Carbohidrato – 44.3 g, Fibra – 12.8 g, Proteína – 15.2 g

Ingredientes:

- 2 cebollas picadas
- 2 chiles rojos picados
- 1 cucharadita de chile en polvo o al gusto (opcional)
- 5 tazas de caldo de verduras
- 2 latas (14.1 onzas cada una) de frijoles negros, enjuagados, escurridos
- Un puñado de hojas frescas de cilantro, picadas
- 4 dientes de ajo triturados
- 2 cucharaditas de pimentón ahumado caliente
- 14.1 onzas de quinua, enjuagada
- 2 latas (14.1 onzas cada una) de tomates picados
- 1 aguacate mediano, pelado, deshuesado, cortado en cubos
- Sal al gusto
- Spray de cocina

Instrucciones:

1. Coloque una olla de sopa a fuego medio. Rocíe un poco de spray de cocina en él.
2. Agregue la cebolla y el ajo y saltee durante un par de minutos. Agregue el chile rojo y saltee hasta que la cebolla se vuelva translúcida.
3. Añadir todas las especias y saltear durante 5-6 segundos.
4. Agregue la quinua, los frijoles, el caldo vegetal, la sal y los tomates.
5. Cubra con una tapa y baje el fuego. Cocine hasta que la quinua esté suave y el chile sea espeso. Revuelve a menudo.
6. servir en tazones. Decorar con aguacate y cilantro y servir.

Sartén Vegetariana y vegana para el Desayuno

Número de porciones: 2

Valores nutricionales por porción:

Calorías – 497, Grasa – 1.7 g, Carbohidrato – 97.7 g, Fibra – 19.5 g, Proteína – 24.1 g

Ingredientes:

- 1/2 lata (de una lata de 15 onzas) de frijoles pintos
- 1/2 cebolla amarilla pequeña, picada
- 2 papas amarillas, fregadas, cortadas
- 1 calabacín pequeño, picado en trozos de tamaño de mordida
- 1 taza de espinacas
- 1/2 cucharada de ajo picado
- 2 crímenes setas, picadas
- 1/2 pimiento rojo cortado en trozos del tamaño de la mordida
- 1 zanahoria pequeña, en cubos
- 2 cucharadas de caldo de verduras o agua
- 1/2 cucharadita de comino molido
- 1/2 cucharadita de albahaca seca
- 1/2 cucharadita de pimentón ahumado
- 1/8 cucharadita de pimienta de cayena o al gusto (opcional)
- 1/8 de cucharadita de pimienta

Instrucciones:

1. Coloque las papas en un tazón. Espolvorea pimienta y albahaca sobre ella y revuelve bien.
2. Transfiera a una lamina de hornear forrada.
3. Asar en un horno precalentado a 3200 F durante unos 25-30 minutos o hasta que las patatas estén tiernas.
4. Coloque una sartén a fuego medio-alto. Agregue el caldo, la cebolla y el ajo y saltee hasta que estén suaves.

5. Agregue el resto de las verduras, la patata, todas las especias y frijoles y la mezcla bien. Cocine durante 10-12 minutos o hasta que las verduras estén tiernas.
6. Servir caliente.

Polenta y Frijoles

Número de porciones: 3

Valores nutricionales por porción: 4 rodajas de polenta con 1/3 de la mezcla de frijol

Calorías – 284, Grasa – 1.8 g, Carbohidrato – 56.7 g, Fibra – 10.4 g, Proteína – 11.1 g

Ingredientes:

- 1/2 cucharadita de aceite de oliva
- 1 diente de ajo, pelado, picado
- 13 onzas de tomates picados
- 1 taza de maíz congelado
- Sal al gusto
- Pimienta al gusto
- 1/2 lata (de 15onzas de lata) frijoles negros, enjuagados, escurridos
- 1/2 pimiento rojo cortado en cubos
- 1/4 de cucharadita de pimienta de cayena

Instrucciones:

1. Coloque una sartén a fuego medio. Agregue el aceite y deje que la sartén se caliente.
2. Corta la polenta en rodajas de 1/2 pulgada de espesor. Deberías tener 12 rebanadas en total. Coloque las rodajas de polenta en la sartén caliente. Cocine hasta que la parte inferior esté marrón claro. Voltee los lados y cocine el otro lado hasta que esté nado.
3. Mientras tanto, agregue el resto de los ingredientes en una cacerola. Coloque la cacerola a fuego medio y cocine a fuego lento durante 12-15 minutos. Revuelva ocasionalmente.
4. Retire la polenta de la sartén y colóquela en 3 platos. Coloque 1/3 de la mezcla de frijoles sobre la polenta y sirva.

Desayuno Garbanzos con pepino

Número de porciones: 2

Valores nutricionales por porción:

Calorías – 225, Grasa – 11.6 g, Carbohidrato – 28 g, Fibra – 6 g, Proteína – 9 g

Ingredientes:

Para vestirse:

- 3 cucharaditas de aceite de oliva virgen extra
- Pimienta recién molida al gusto
- 3 cucharaditas de vinagre de vino tinto
- Sal kosher al gusto

Para garbanzos:

- 1 taza de garbanzos enlatados, escurridos
- 4 aceitunas, deshuesadas, finamente picadas
- 1/4 de taza de queso feta desmenuzado
- 1/2 taza de pimientos rojos asados en rodajas finas
- 1 taza de pepino en rodajas finas
- 4 cucharaditas de eneldo fresco picado

Instrucciones:

1. Agregue todos los ingredientes para vertirlos en un tazón y retírelos bien.
2. Añadir olives, pimiento y garbanzos y repartir bien.
3. Divida en platos. Espolvorea queso feta y eneldo encima y sirve.

Capítulo Trece: Recetas de Cazuela de Desayuno hecho de Plantas

Cazuela de quinua y brócoli

Número de porciones: 2

Valores de Nutricionales por porción:

Calorías – 313, Grasa – 4.4 g, Carbohidrato – 57.7 g, Fibra – 6.6 g, Proteína – 11.3 g

Ingredientes:

- 1/2 taza de leche de almendras
- 1 taza de caldo de verduras
- 1/4 cucharadita de tomillo seco
- 1/2 cucharadita de orégano seco
- 1/2 cucharadita de nuez moscada molida
- 2 cucharadas de tomates secos
- 1/2 taza de agua
- 1/2 cucharadita de levadura nutricional
- 1/4 de taza de harina de arroz
- 1 1/2 tazas de floretes de brócoli
- 1/2 taza de quinua
- Sal al gusto

Instrucciones:

1. Agregue 1/4 de taza de leche de almendras y caldo en una cacerola. Coloque la cacerola a fuego medio. Que llegue a hervir.
2. Batir en un tazón la leche restante, harina y todas las especias y verter en la cacerola.
3. Revuelva constantemente hasta que quede espeso. Apaga el fuego. Agregue 1/2 taza de agua y levadura nutricional y bate bien. Agregue la quinua y revuelva.
4. Transfiera a un plato de hornear engrasado.
5. Hornee en un horno precalentado a 390 F durante unos 30 minutos.

6. Mientras tanto, coloque los tomates secos en un tazón. Vierta agua hirviendo sobre ella. Déjalo sensato durante 20 minutos. Escurre y reserva.

7. Cocine al vapor el brócoli hasta que quede crujiente y tierno. Enjuague hasta que corre enfrío. Escurre y reserva.

8. Pica los tomates rehidratados y esparce sobre la capa de quinua.

9. Esparce el brócoli encima y sirve.

Horneado de proteínas de Zanahoria y Quinoa

Número de porciones: 4

Valores nutricionales por porción:

Calorías – 165, Grasa – 2.5 g, Carbohidrato – 26 g, Fibra – 3.5 g, Proteína – 9.5 g

Ingredientes:

- 1 taza de zanahorias ralladas
- 1 taza de leche de almendras sin endulzar
- 2 cucharaditas de canela molida
- 1/2 cucharadita de sal
- 1 taza de quinua
- 2 cucharaditas de ralladura de naranja rallada
- 2/3 de taza de compota de manzana sin endulzar
- 8 paquetes de stevia o truvia o al gusto
- 3 cucharadas de proteína de arroz marrón vainilla en polvo

Instrucciones:

1. Engrase un plato de horneado de cerámica con spray de cocción.
2. Agregue todos los ingredientes en un tazón y bate bien.
3. Agregue la quinoa y revuelva hasta que estén bien combinadas.
4. Cuchara en el plato de hornear preparado.
5. Microondas en alto durante 7-8 minutos o hasta que se establezca el centro.

Cazuela de Calabaza Especias y Quinoa

Número de porciones: 2

Valores nutricionales por porción:

Calorías – 197, Grasa – 12.1 g, Carbohidrato – 20.3 g, Fibra – 2.2 g, Proteína – 3.3 g

Ingredientes:

- 1/3 de taza de agua tibia
- 1 cucharada de puré de calabaza enlatada
- 1/2 cucharadita de aceite de coco derrctido
- 1/2 cucharadita de especia de pastel de calabaza
- 3 cucharadas de café caliente
- 1/2 cucharada de jarabe de arce
- 1/8 cucharadita de extracto puro de vainilla
- 2 cucharadas de quinua

Para cobertura:

- 2 cucharadas de nueces crudas, picadas
- 1 cucharada de jarabe de arce
- 1/2 cucharadita de canela molida
- 1/2 cucharada de aceite de coco
- 1 cucharada de harina de almendras
- 1/2 cucharada de harina de coco
- Una pequeña pizca de sal

Instrucciones:

1. Agregue todos los ingredientes para la cazuela excepto la quinua en un plato de cazuela pequeño y bata bien.
2. Agregue la quinua y revuelva. Cubre el plato.
3. Hornee en un horno precalentado a 3500 F durante unos 30 minutos o hasta que se cocine la quinua y allí quede un poco de líquido en el plato.
4. Agregue todos los ingredientes de cobertura en un tazón y mezcle hasta que se desmenuce. Colóquelo en el congelador por un tiempo.

5. Espolvorea la mezcla sobre el horno de quinua. No cubra el plato.
6. Hornee hasta que la parte superior esté dorada.

Desayuno Cazuela de Croqueta con mantequilla de nuez calabacín y Cilantro

Número de porciones: 6

Valores nutricionales por porción:

Calorías – 170, Grasa – 9 g, Hidratos de carbono – 22 g, Fibra – NA, Proteína – 22 g

Ingredientes:

- 4 cucharadas de aceite de oliva virgen extra
- 4 tazas de calabacín
- Sal marina fina al gusto
- 3 tazas de cebolla picada
- 6 tazas de calabaza de mantequilla rallada
- 1/2 taza de cilantro picado

Instrucciones:

1. Coloque una sartén a fuego medio. Agregue aceite. Cuando el aceite se caliente, agregue las cebollas y saltee hasta que se
2. Bajar el fuego a medio-bajo. Mezclar la calabaza, la mantequilla, calabacín y sal y mezclar bien.
3. Cubra y cocine hasta que esté tierno. Decorar con cilantro y servir.

Frijoles y granos de desayuno con sabor a salchicha

Número de porciones: 2

Valores nutricionales por porción:

Calorías – 338, Grasa – 1.5 g, Carbohidrato – 66.6 g, Fibra – 12.2 g, Proteína – 16.5 g

Ingredientes:

- 1 cebolla mediana, picada
- Caldo de agua o verduras, según sea necesario
- 2 dientes de ajo, pelados, picados
- 1/2 taza de caldo de verduras + extra según sea necesario
- 1/2 cucharadita de orégano seco
- 1/2 cucharadita de salvia frotada
- 1/2 cucharadita de albahaca seca
- 1/2 cucharadita de pimentón ahumado
- 1/2 cucharadita de semillas de haba, trituradas
- 1/4 de cucharadita de sal o al gusto
- Un bicarbonato de sodio pellizca
- 1/4 de pimiento rojo grande, desembrado, picado
- 1 1/2 tazas cocidas o enlatados de frijoles cannellini o cualquier otra variedad de frijoles blancos de su elección, enjuagados, escurridos
- 1/4 de cucharadita de hojuelas de pimiento rojo o al gusto
- Sal ahumada al gusto
- 2 tazas de espinacas frescas picadas
- 1/2 taza de maíz amarillo

Instrucciones:

1. Coloque una sartén antiadherente sobre el calor medio. Agregue una cucharada de caldo o agua y deje que la sartén se caliente.
2. Agregue la cebolla y el bicarbonato de sodio y saltee hasta que la cebolla se vuelva translúcida.
3. Espolvorea más agua o caldo si las cebollas se atascan en la sartén.

4. Agregue el ajo y el pimiento. Espolvorea un poco más y cocina durante un par de minutos hasta que los pimientos estén ligeramente tiernos. Espolvorea el caldo cuando sea necesario.
5. Agregue los frijoles, todas las especias y el caldo y revuelva.
6. Baje el fuego y cubra con una tapa. Cocine hasta que esté espeso (alrededor de 20-30 minutos). Agregue las espinacas y cocine hasta que se marchite.
7. Mientras tanto, siga las instrucciones del paquete y cocine los granos.
8. Divida los granos en 2 cuencos. Divida los frijoles por igual y cuchara sobre los granos.
9. Servir caliente.

Capítulo Catorce: Recetas de Sopa de Desayuno Basadas en Plantas

Sopa de verduras de garbanzo y cúrcuma

Número de porciones: 3

Valores nutricionales por porción:

Calorías – 100, Grasa – 5g, Carbohidrato – NA g, Fibra – 2 g, Proteína – 2 g

Ingredientes:

- 1 cucharada de aceite de oliva
- 1 zanahoria picada
- 1/2 pimientos rojos, desembrados, picados
- 1 1/2 tazas de floretes pequeños de coliflor
- 1/2 cucharadita de jengibre fresco rallado
- 1/2 cucharadita de sal o al gusto
- Un pizca de pimienta de cayena
- 1/2 lata (de una lata de 15 onzas) de garbanzos, enjuagados, escurridos
- 1 cebolla amarilla pequeña, picada
- 1 costilla de apio picada
- 2 clavos de olor, picados
- 2 hojas pequeñas de laurel

- 1/2 cucharadita de cúrcuma en polvo
- 1/2 cucharadita de pimentón
- 3 tazas de caldo de verduras
- 3/4 de taza de col rizada picada

Instrucciones:

1. Coloque una olla de sopa a fuego alto. Agregue aceite. Cuando el aceite esté caliente, agregue la cebolla, el apio, la zanahoria y el pimiento rojo y saltee hasta que esté tierno.
2. Agregue el ajo y cocine hasta que sea aromático.
3. Agregue la coliflor, las especias y la sal y saltee durante un par de minutos.
4. Agregue el caldo y revuelva. Cuando empiece a hervir, baje el fuego y cocine hasta que la coliflor esté tierna.
5. Agregue los garbanzos y la col rizada y cocine
6. Agregue sal y pimienta al gusto.
7. Coloca los tazones de sopa y sirve caliente o caliente.

Desayuno Detox

Número de porciones: 4

Valores nutricionales por porción:

Calorías – 117, Grasa – NA, Carbohidrato – 27 g, Fibra – NA, Proteína – 2 g

Ingredientes:

- 2 batatas peladas, en cubos
- 2 perejil, pelados, picados
- 6 dientes de ajo, triturados
- Chili en polvo al gusto
- 2 cucharaditas de comino molido
- 4 tazas de caldo de verduras, calentado
- 1 taza de lentejas rojas cocidas
- 2 cucharaditas de leche de coco, para decorar
- 6 zanahorias, picadas
- 2 cebollas, descuartizadas
- 1/2 cucharadita de sal marina
- 1 1/2 cucharadita de cúrcuma en polvo
- 2 cucharadas de aceite de coco
- 1 pulgada de jengibre fresco, pelado, rallado
- Un poco de perejil fresco, picado,

Instrucciones:

1. Coloque una hoja de papel de pergamino sobre una bandeja para hornear grande.
2. Agregue todas las verduras, especias y aceite de coco en un tazón. Revuelve bien.
3. Se extiende sobre la bandeja de horno preparada.
4. Hornee en un horno precalentado a 350 F durante unos 20 minutos
5. Retirar del horno y enfriar durante un tiempo. Agregue las verduras a una licuadora. 1 taza de arroz jazmín de grano largo, enjuagado, empapado en 3 tazas de agua durante la noche
- 4 zanahorias medianas, picadas

- 2 pulgadas de jengibre fresco rallado
6. 2 racimos de rúcula, picados
7. Licúe durante 30-40 segundos o hasta que quede suave.
8. Agregue el caldo, las lentejas, el jengibre y mezcle hasta que quede suave.
9. Coloque los tazones. Rocíe la leche de coco en la parte superior y sirva.

Sabroso congee de azafran y Kombu

Número de porciones: 4

Valores nutricionales por porción:

Calorías – 215, Grasa – NA, Carbohidrato – 51 g, Fibra – NA, Proteína – 4 g

Ingredientes:

-
- Sal marina al gusto
- Aceite de oliva, según sea necesario
- 3.5 onzas de judías verdes, en rodajas
- 2 racimos de perejil fresco, picado
- 8-10 hilos de azafrán
- 2 racimos de cebollino picado
- 2 cucharadas de hojas de hierba de limón picadas
- 2 piezas de algas kombu cortadas en tiras

Instrucciones:

1. Agregue el arroz empapado junto con el agua en una olla. Coloque la olla a fuego lento y cocine hasta que el arroz esté suave y cremoso.
2. Añadir azafrán durante los últimos 10 minutos de cocción. Tomará un par de horas. Revuelva ocasionalmente inicialmente y con frecuencia hacia el final.
3. Mientras tanto, coloque una cacerola con agua a fuego alto. Agregue la sal y ponga a hervir. Agregue los frijoles verdes y cocine por un minuto. Escurrir y sumergir en agua fría durante un minuto. Colar y dejar a un lado.
4. Coloque un wok a fuego medio-alto. Agregue aceite. Cuando el aceite esté caliente, agregue el jengibre, un poco de sal y zanahorias y cocine durante unos 3 minutos.
5. Agregue la hierba de limón, la rúcula y los frijoles verdes y cocine durante un par de minutos. Apague el fuego y transfiera al congee hirviendo durante los últimos 5 minutos de cocción.
6. Agregue cebollinos y perejil. Apaga el fuego.
7. Coloca tazones y sirva.

Sopa de lentejas con coco y limón

Número de porciones: 3

Valores nutricionales por porción:

Calorías – 161, Grasa – 7 g, Hidratos de carbono – 19 g, Fibra – 7 g, Proteína – 7 g

Ingredientes:

- 1 cucharada de aceite de coco
- 2 dientes de ajo picados
- 1 zanahoria picada
- 1 cebolla amarilla pequeña picada
- 1 tallo de apio picado
- 3/4 de cucharadita de pimentón ahumado
- 1/2 cucharadita de cilantro molido
- 3/4 de cucharadita de comino molido
- 2 tazas de agua
- 2 tazas de caldo de verduras
- 1 taza de lentejas rojas, enjuagadas, empapadas en agua durante una hora
- 1 cucharada de jugo de limón fresco o al gusto
- Sal marina al gusto
- Pimienta al gusto
- Un puñado de cilantro fresco, picado, para decorar (opcional)
- 2 cucharadas de pasta de tomate
- 3 cucharadas de leche de coco con grasa
- pimiento rojo triturado, para decorar

Instrucciones:

1. Coloque una olla de sopa sobre una llama mediana. Agregue aceite. Cuando el aceite esté caliente, agregue la cebolla y cocine hasta que se rosa.
2. Agregue el ajo y cocine hasta que sea aromático.
3. Agregue las zanahorias, el apio y las especias y cocine durante 3-4 minutos.
4. Agregue las lentejas, el agua, el caldo y la pasta de tomate.
5. Cuando la sopa comience a hervir, baje el fuego y cúbralo con una tapa. Cocine hasta que las lentejas estén suaves. Puede tomar 30-50 minutos.

6. Agregue la leche de coco, el jugo de limón, la sal y la pimienta y revuelva.
7. Coloca tazones de sopa. Espolvorea hojuelas de pimiento rojo trituradas y cilantro encima y sirve.

Posole de desayuno vegetariano

Número de porciones: 4

Valores nutricionales por porción:

Calorías – 189, Grasa – 9.5 g, Carbohidrato – 24.2 g, Fibra – 5.9 g, Proteína – 5.1 g

Ingredientes:

Para posole:

- 1 1/2 tazas cocidas o enlatadas, escurridas
- 1 1/2 tazas de chiles verdes Hatch picados
- 2 chiles secos de Nuevo México, picados
- 2 dientes de ajo picados
- 1/2 cucharada de pasta de miso
- 1 cebolla pequeña picada
- Sal al gusto
- 6 tazas de caldo de verduras
- 2 cucharadas de chile en polvo
- 1-2 chiles chipotle en salsa adobo, picados
- 1 tomate maduro mediano, picado
- 1/2 cucharadita de orégano

Para servir:

- 1 aguacate mediano, pelado, deshuesado, descuartizado
- Mantequilla o mantequilla de equilibrio de la Tierra
- 1/4 de taza de cilantro fresco picado
- 4 huevos grandes – si usted no tiene problemas con el consumo de huevos en una dieta basada en plantas

Instrucciones:

1. Agregue todos los ingredientes para la posole en una olla de sopa. Coloque la olla a fuego medio.
2. Cuando empiece a hervir, baje el fuego y cocine a fuego lento durante 40-50 minutos. Revuelve de vez en cuando.

3. Para servir: sirva 4 tazones de sopa. Coloque 1 pieza de aguacate en cada tazón.
4. Cocine los huevos con mantequilla, de lado soleado hacia arriba (si usa, por ejemplo,gs). Coloque un huevo en cada tazón y sirva adornado con cilantro.

Sopa de Tortilla de Frijoles Negros y Chipotle

Número de porciones: 3

Valores nutricionales por porción:

Calorías – 265, Grasa –5.3 g, Carbohidrato – 51 g, Fibra – 10.6 g, Proteína – 11.6 g

Ingredientes:

- 1 cucharada de aceite de aguacate o aceite de coco
- 2 dientes de ajo picados
- 3/4 de cucharadita de comino molido
- 3/4 de taza de salsa de chipotle rojo o cualquier otra salsa picante
- 1 cucharada de azúcar de coco o jarabe de arce
- 1/2 lata (a partir de una lata de 15,25 onzas) granos de maíz enteros (escurridos)
- 1 cebolla pequeña picada
- 1/4 pimiento rojo o naranja, cortado en cubos
- 1/2 cucharadita de chile en polvo
- 2 tazas de caldo de verduras
- 1 lata (15 onzas) de frijoles negros, escurra parte de su líquido

Servir; Opcional

- Jugo de lima al gusto
- Un puñado de chips de tortilla
- Un puñado de cilantro fresco, picado
- 1 cebolla roja pequeña, picada
- 1 aguacate pequeño maduro, pelado, en cubos
- Salsa picante al gusto

Instrucciones:

1. Coloque una olla de sopa sobre una llama mediana. Agregue aceite. Cuando el aceite esté caliente, agregue la cebolla, el ajo y la pimienta y saltee durante un minuto. Sazonar con sal y pimienta.
2. Cocine hasta que los vegetales de marchiten estén tiernos.

3. Agregue el comino y el chile en polvo. Cocine durante unos segundos hasta que sea aromático.
4. Agregue la salsa, el azúcar y el caldo. Suba el fuego a fuego medio-alto. Cuando empiece a hervir, revuelva el maíz y los frijoles negros.
5. Baje el fuego a fuego lento y cocine durante 20-30 minutos. Revuelve de vez en cuando.
6. Coloca los cuencos de sopa y sirve con opciones de porción sugeridas si lo deseas.

Capítulo Quince: Recetas de Ensalada de Desayuno A base de Plantas

Ensalada de desayuno de col con quinua y fresas

Número de porciones: 2

Valores nutricionales por porción:

Calorías – 330, Grasa – 20 g, Carbohidrato – 31 g, Fibra – 6 g, Proteína – 9 g

Ingredientes:

- 2 cucharaditas de ajo picado
- 2 cucharadas de aceite de oliva virgen extra
- Pimienta al gusto
- 1 taza de quinua cocida
- Sal al gusto
- 4 cucharaditas de vinagre de vino tinto
- 6 tazas ligeramente empacadas de col rizada bebé
- 1 taza de rodajas de fresa

Instrucciones:

1. Coloque el ajo y la sal en un tazón. Usando un tenedor o la parte posterior de una cuchara, machaque la sal y el ajo en una pasta.
2. Agregue la pasta de ajo, el vinagre, el aceite y la pimienta en un tazón y bate bien.
3. Agregue la col rizada.
4. Divida la col rizada en 2 cuencos. Coloca la quinua sobre la col rizada.
5. Espolvorea fresas y pepitas encima y sirve.

Ensalada de Desayuno Granada-Farro con Miel y Ricotta

Número de porciones: 2

Valores nutricionales por porción:

Calorías – 294, Grasa – 13.3 g, Carbohidrato – 41 g, Fibra – 8 g, Proteína – 12 g

Ingredientes:

- 6 cucharadas de queso ricotta parcial de skim
- 1 cucharadita de miel
- 2 cucharaditas de jugo de limón fresco o jugo de mandarina
- 4 tazas de espinacas frescas bebés
- 2/3 taza de arilos de granada
- 1 cucharadita de ralladura de limón o mandarina rallada
- 2 cucharaditas de aceite de oliva virgen extra
- Sal al gusto
- 2/3 taza de farro de grano entero cocido
- 2 cucharadas de almendras asadas y picadas

Instrucciones:

1. Agregue la ricotta, la ralladura de limón y la miel en un tazón y revuelva.
2. Agregue el aceite, la ralladura y la sal en otro tazón y bate bien. Añadir espinacas y farro y mezclar
3. Divida la mezcla de espinacas en 2 1 palito de apio, cortado en rodajas diagonalmente
4. 1 cucharada de pasas doradas cuencos poco profundos.
5. Espolvorea las granadas sobre la capa de espinacas.
6. Esparza la mezcla de ricotta encima de la granada. Espolvorea las almendras encima y sirve.

Ensalada de garbanzos y manzanas

Número de porciones: 2

Valores nutricionales por porción:

Calorías – 223, Grasa – 6.2 g, Carbohidrato – 30 g, Fibra – 6.4 g, Proteína – 8.6 g

Ingredientes:

Para ensalada:

- 2 cebolletas picadas
- 1 manzana verde, sin corazón, cortada en cubos
- 1/2 lata (de una lata de 14,2 onzas) de garbanzos, enjuagados, escurridos
- 1 pequeña gema lechuga, separar las hojas
-
- 1/2 taza de cilantro fresco picado + extra para decorar

Para vestirse:

- 1 cucharadita de pasta de curry
- 1 1/2 cucharadas de yogur griego
- 1 cucharada de chutney de mango
- Jugo de 1/2 lima

Instrucciones:

1. Agregue todos los ingredientes para veftirlos en un tazón y bate bien. Reserva por un tiempo para que los sabores se afinen.
2. Divida y coloque las hojas de lechuga en 2 platos para servir.
3. Agregue los ingredientes restantes de la ensalada en un tazón y retírelos bien.
4. Rocía el aderezo sobre la ensalada y revuelve bien. P encaje sobre las hojas de lechuga.
5. Decorar con hojas de cilantro y servir.

Ensalada de cebada con tomates, pepino y perejil

Número de porciones: 4

Valores nutricionales por porción:

Calorías – 154, Grasa – 7 g, Hidratos de carbono – 20 g, Fibra – 5 g, Proteína – 4 g

Ingredientes:

Para ensalada:

- 1/2 taza de cebada perla sin cocinar
- 1/2 Pepino inglés, cortado en cubos
- 1 tomate, desembrado, cortado en cubos
- 1/4 de taza de perejil de hoja plana picada

Para vestirse:

- 1 1/2 cucharadas de jugo de limón fresco
- Sal al gusto
- Pimienta al gusto
- 2 cucharadas de aceite de oliva extra virgen

Instrucciones:

1. Siga las instrucciones del paquete y cocine la cebada perla. Cuando esté cocido, pelusa con un tenedor.
2. Transfiera a un tazón. Agregue el resto de los ingredientes de la ensalada y revuelve bien.
3. Agregue todos los ingredientes para aderezar en un tazón y bate bien. Vierta sobre la ensalada.
4. Revuelve bien y sirve.

Ensalada de Tres Frijoles

Número de porciones: 4

Valores nutricionales por porción:

Calorías – 193, Grasa – 2 g, Hidratos de carbono – 37 g, Fibra – 8 g, Proteína – 9 g

Ingredientes:

Para vestirse:

- 1 1/2 cucharadas de vinagre de sidra
- 1/2 cucharada de azúcar
- 1/2 cucharada de aceite de canola
- 1 1/2 cucharadas de vinagre de arroz
- 1/2 cucharada de mostaza entera
- 1/4 de cucharadita de sal o al gusto
- Pimienta recién molida, al gusto

Para ensalada:

- 3 cucharadas de cebolla roja cortada en cubos
- 1/2 paquete (de un paquete de 10 onzas) de frijoles de lima congelados, o edamame con cáscara
- 1 cucharada de perejil fresco picado
- 1/2 lata de guisantes o garbanzos de ojos negros, enjuagados
- 1/2 libra de judías verdes, recortadas y cortadas en trozos de 1 pulgada

Instrucciones:

1. Para hacer el aderezo: Agregue todos los ingredientes para vertir en un tazón grande y bate bien.
2. Agregue la cebolla y los guisantes de ojos negros y retírelos bien. Dejar a un lado
3. Coloque una cacerola con agua a fuego alto. Cuando empiece a hervir, agregue los frijoles lima y cocine hasta que esté tierno. Saque los frijoles con una cuchara ranurada y sumerja en agua helada durante unos minutos.

Escurra y seque acariciando con una toalla de cocina. Colocar en el tazón de aderezo.

4. Agregue los frijoles verdes en el agua hirviendo en la cacerola y cocine durante unos 3 minutos. Escurrir del agua y sumergirse en agua helada durante unos minutos.

5. Escurra y seque con una toalla de cocina. Añadir en el tazón de aderezo y revuelve bien.

6. Cubrir y reservar durante unos minutos para que los sabores se afinen.

7. Divida en 4 porciones y sirva.

Capítulo Dieciséis: Recetas de desayuno a base de plantas con frutas

Mantequilla de cacahuete integral y tostadas de frutas

Número de porciones: 1

Valores nutritivos por porción:

Calorías – 382, Grasa – 28 g, Carbohidrato – 30 g, Fibra – 5 g, Proteína – 6 g

Ingredientes:

- 1 rebanada de pan integral, tostado
- 1/2 plátano pequeño, en rodajas
- 1 cucharada de almendras en rodajas
- 2 cucharadas de mantequilla de maní
- 1 fresa grande, en rodajas
- 1/2 cucharadita de miel cruda o néctar de agave

Instrucciones:

1. Unta la mantequilla de maní sobre la rebanada de pan.
2. Coloque una capa de plátano seguida de una capa de fresas.

3. Coloque las rodajas de plátano o fresa restantes.
4. Esparce las almendras encima.
5. Engaña la miel en la parte superior y sirve.

Banana Split

Número de porciones: 2

Valores nutricionales por porción:

Calorías – 340, Grasa – 14 g, Hidratos de carbono – 48 g, Fibra – 6 g, Proteína – 15 g

Ingredientes:

- 2 plátanos, cortados a la mitad a lo largo
- 2 cucharaditas de cacao en polvo
- 1/2 taza de fresas frescas rebanadas
- 2 cucharadas de cacahuetes picados y tostados
- 1 taza de yogur griego natural, dividido
- 2 cucharaditas de miel
- 1/2 taza de piña fresca triturada

Instrucciones:

1. Coloque 2 mitades de plátano en cada uno de los 2 cuencos anchos poco profundos, con el lado cortado hacia arriba.
2. Reserva 2 cucharadas de yogur y rocía el yogur restante sobre la parte cortada del plátano.
3. Agregue el yogur, el cacao y la miel retenidos en un tazón y bate bien. Agregue las fresas, los cacahuetes y la piña y revuelva hasta que estén bien recubiertos.
4. Esparce la mezcla de fresa sobre los plátanos y sirve.

Ensalada de piña y bayas

Número de porciones: 4

Valores nutricionales por porción:

Calorías – 55, Grasa – 0 g, Carbohidrato – 14 g, Fibra – 3 g, Proteína – 1 g

Ingredientes:

- 1 piña fresca, pelada, en cubos
- 1/2 libra de fresas, rebanadas, en rodajas
- 1/2 taza de moras, cortadas a la mitad
- 1/2 kiwi, pelado, en rodajas

Instrucciones:

1. Agregue todos los ingredientes en un tazón y retírelos bien.
2. Divida en platos y sirva.

Ensalada de Pomelo, Agave y pistacho

Número de porciones: 4

Valores nutricionales por porción:

Calorías – 107, Grasa – 1 g, Hidratos de carbono – 21 g, Fibra – 2 g, Proteína – 2 g

Ingredientes:

- 2 pomelos blancos, pelados, separados en segmentos, desembrados, picados
- 2 pomelos rosados, pelados, separados en segmentos, desembrados, picados
- 2 cucharaditas de nueces de pistacho picadas
- 2 cucharadas de néctar de agave

Instrucciones:

1. Agregue los pomelos en un tazón y retírelos.
2. Divida en 4 cuencos. Espolvorea 1/2 cucharadita de nueces de pistacho en cada tazón.
3. Rocía 1/2 cucharada de néctar de agave en la parte superior y sirve.

Ponche de frutas

Número de porciones: 2

Valores nutricionales por porción:

Calorías – 69, Grasa – 0.4 g, Carbohidrato – 17.2 g, Fibra – 1.9 g, Proteína – 0.8 g

Ingredientes:

- 1/2 taza de uvas verdes cortadas a la mitad
- 1 melocotón pequeño, picado
- 4 fresas frescas, encasilladas, picadas
- 1/3 de taza de arándanos frescos
- 3 cucharadas de jugo de naranja fresco
- 1/4 manzana Granny Smith, picada

Instrucciones:

1. Agregue todos los ingredientes en un tazón y retírelos bien.
2. Divida en 2 cuencos y sirva.

Parfait de barco papaya

Número de porciones: 4

Valores nutricionales por porción:

Calorías – 313, Grasa – 12 g, Carbohidrato – 43 g, Fibra – 6 g, Proteína – 13 g

Ingredientes:

- 2 papayas enteras, cortadas a la mitad a lo largo, desembradas
- 4 cucharaditas de miel o néctar de agave
- 2 kiwis pelados, picados
- 4 cucharadas de almendras cortadas
- 2 tazas de yogur griego natural o yogur no lácteo de su elección
- 4 cucharadas de semillas de granada
- 1 cucharadita de semillas de chía

Instrucciones:

1. No pele las papayas. Saca parte de la pulpa de las mitades de la papaya para parecerse a los barcos.
2. Divida el yogur entre los barcos de papaya. Rocíe una cucharadita de miel sobre el yogur en cada tazón.
3. Espolvorea el resto de los ingredientes de los botes y sirve.

Pizza de frutas de desayuno saludable

Número de porciones: 4

Valores nutricionales por porción:

Calorías – 194, Grasa – 2 g, Carbohidrato – 37 g, Fibra – 3 g, Proteína – 4 g

Ingredientes:

- 1 huevo de lino (1 cucharada de semillas de lino molidas mezcladas con 3 cucharadas de agua)
- 1/4 de taza de jarabe de arce puro
- 1 1/2 tazas de avena en hojuelas sin gluten
- 1/2 cucharada de canela molida
- 3 cucharadas de salsa de manzana sin endulzar
- 1/2 cucharadita de extracto de vainilla
- 1/2 cucharadita de sal marina
- 1/2 taza de fruta mixta (mezcla de bayas y kiwi)

Para crema batida de coco:

- 1 lata (14 onzas de lata) grasa completa muy fría de leche de coco
- 1/4 cucharadita de extracto de vainilla
- 2 cucharadas de azúcar en polvo
- Una pizca pequeña de sal

Instrucciones:

1. Para la corteza: Engrase una sartén de pastel de 6 pulgadas o una sartén de forma de resorte con spray de cocina.
2. Forre la sartén con papel pergamino.
3. Después de hacer el huevo de lino, refrigere durante 15 minutos.
4. Agregue todos los ingredientes secos en un tazón de mezcla y revuelva.
5. Agregue todos los ingredientes húmedos excepto las frutas en otro tazón y bate bien.
6. Vierta los ingredientes húmedos en el tazón de ingredientes secos y mezcle hasta que estén bien incorporados.

7. Transfiera la mezcla a la sartén preparada. Púlselo bien sobre la parte inferior de la sartén.
8. Hornee en un horno precalentado a 375 F durante unos 10-12 minutos o hasta que se dore ligeramente.
9. Retire la sartén del horno y enfríe durante 15 minutos en la sartén. Retire la corteza de la sartén y colóquela en un estante. Deja que se enfríe a temperatura ambiente.
10. Mientras tanto, prepara la crema batida de coco de la siguiente manera: En primer lugar, enfríe una lata de leche de coco durante 8-10 horas. Abre la lata y saca la mitad de la crema de coco que está flotando en la parte superior y colócala en un tazón frío. Use la crema de coco restante con líquido en alguna otra receta.
11. También enfríe los batidores de la mezcladora de mano. Batir la crema de coco hasta que esté cremosa.
12. Batir el azúcar, la vainilla y la sal.
13. Coloque el recipiente en el congelador durante 10 minutos.
14. Esparce la crema de coco sobre la corteza enfriada. Dispersa las frutas por toda la corteza.
15. Cortar en 4 cuñas y servir.

Ensalada de Frutas de Verano

Número de porciones: 3

Valores nutricionales por porción:

Calorías – 91, Grasa – 0.6 22.4 g, Carbohidrato – 22.4 g, Fibra – 4 g, Proteina – 1.7 g

Ingredientes:

- 1/2 libra de fresas, encasilladas, cortadas en rodajas finas
- 1/2 taza de arándanos
- 1 cucharada de jugo de limón
- 1 cucharadita de vinagre balsámico
- 3 melocotones pequeños, cortados en rodajas finas
- Un puñado de albahaca o menta, picada
- 1/2 cucharada de jarabe de arce o miel

Instrucciones:

1. Agregue todas las frutas en un tazón y retírelas bien.
2. Agregue el resto de los ingredientes en un tazón y bate bien.
3. Verter sobre los frutos. Revuelve a la ligera.
4. Servir a temperatura ambiente para refrigerar durante unas horas y servir frío.

Ensalada de arandanos y piña con aderezo cremoso de yogur

Número de porciones: 2

Valores nutricionales por porción:

Calorías – 123, Grasa – 1.2 g, Carbohidrato – 29.2 g, Fibra – 2 g, Proteína – 1.4 g

Ingredientes:

- 1/2 lata (de una lata de 10 onzas) trozos de piña en jugo, retenga parte del jugo
- 1/2 cucharadita de miel o al gusto
- 1/2 taza de arándanos frescos
- 1 1/2 cucharadas de yogur griego natural de leche entera
- 1/8 cucharadita de ralladura de lima rallada

Instrucciones:

1. Agregue 1/2 cucharada de jugo de piña, miel, yogur y ralladura de lima en un tazón y bate bien.
2. Agregue el resto de los ingredientes y pliegue suavemente.
3. Divida en 2 cuencos y sirva.

Fruta Fresca Medley

Número de porciones: 4

Valores nutricionales por porción:

Calorías – 156, Grasa – 0.9 g, Carbohidrato – 38.1 g, Fibra – 6.3 g, Proteina – 2.6 g

Ingredientes:

- 2 naranjas pequeñas, peladas, separadas en segmentos, picadas
- 1 taza de arándanos frescos
- 1 taza de frambuesas frescas
- 1 taza de fresas frescas en rodajas
- 1 plátano pequeño, en rodajas
- 1 mango, pelado, desembrado, en cubos
- 2 cucharadas de jarabe de arce (opcional)
- 4 cucharadas de yogur natural
- 1 cucharadita de azúcar blanca

Instrucciones:

1. Agregue las naranjas, las fresas, los arándanos, las frambuesas y el plátano en un tazón grande y revuelve bien.
2. Agregue el yogur, el azúcar y el jarabe de arce y revuelva hasta que estén bien incorporados.
3. Divida en cuencos y sirva.

Capítulo Diecisiete: Barra de desayuno basada en plantas y recetas de bocados

Barras de avena de mantequilla de maní de chocolate

Número de porciones: 6

Valores nutricionales por porción: 1 bar

Calorías – 217, Grasa – 15 g, Carbohidrato – 17 g, Fibra – 4 g, Proteína – 7 g

Ingredientes

- 1 taza de avena en hojuelas
- 1/4 de taza de puré de plátano sobre madurado
- 2 cucharadas de harina de almendras o harina
- 1 cucharada de semillas de lino molidas
- 1/2 cucharada de vainilla o proteína a base de planta de chocolate en polvo
- 1 taza de leche de coco
- 2 cucharadas de mantequilla de maní, sin endulzar
- 2 cucharadas de cacao en polvo
- 2 cucharadas de cacahuetes picados

Instrucciones:

1. Engrase un pequeño plato para hornear (6-7 pulgadas) con spray de cocción.
2. Agregue todos los ingredientes en un tazón y revuelva hasta que se incorpore.
3. Transfiera al plato de hornear preparado. Presione bien sobre la parte inferior del plato.
4. Hornee en un horno precalentado a 350 F durante unos 20 minutos o hasta que esté ligeramente duro en la parte superior.
5. Cortar en 6 rodajas iguales y servir caliente o a temperatura ambiente.

Barras de desayuno Cheesecake

Número de porciones: 4

Valores nutricionales por porción: 1 bar

Calorías – 127, Grasa – 9.8 g, Carbohidrato – 9.5 g, Fibra – 8 g, Proteína – 7 g

Ingredientes:

- 2 onzas de queso crema, suavizado
- 1/4 de taza de leche de coco enlatada (agitar bien la lata antes de servir)
- 1 cucharada de proteína de suero de vainilla en polvo o cualquier proteína a base de plantas en polvo
- 1/2 cucharadita de canela molida para espolvorear
- 1 cucharada de mantequilla, ablandada
- 2 cucharadas de edulcorante granulado de su elección
- 1 cucharadita de harina de coco

Instrucciones:

1. Agregue el queso crema, la mantequilla y desvíe en un tazón de mezcla. Batir con una batidora de mano eléctrica hasta que esté cremosa.
2. Agregue la leche de coco y mezcle bien. Agregue la harina de coco y la proteína en polvo y mezcle bien.
3. Transfiera a un pequeño plato para hornear engrasado. Extiéndelo uniformemente. Espolvorea canela sobre ella.
4. Hornee en un horno precalentado a 350 F durante unos 20 minutos o hasta que esté listo.
5. Retirar del horno y enfriar a temperatura ambiente.
6. Cortar en 4 rodajas iguales y servir.

Barras de trigo sarraceno de ruibarbo y fresa

Número de porciones: 12

Valores nutricionales por porción: 1 bar

Calorías – 186, Grasa – 8 g, Carbohidrato – 30 g, Fibra – 2 g, Proteína – 3 g

Ingredientes:

Para la corteza:

- 1 1/4 tazas de harina de trigo integral
- 1/4 de taza de azúcar de coco
- 1/2 cucharadita de polvo de hornear
- 1 huevo de lino l (1/2 cucharada de harina de linaza mezclada con 1 1/2 cucharadas de agua)
- 1 1/2 cucharadas de melaza
- 6 cucharadas de harina de trigo sarraceno
- 1/2 cucharadita de sal kosher
- 1/2 taza de mantequilla fría, sin sal, picada en cubos pequeños
- 1 cucharada de miel o néctar de agave

Para el llenado:

- 1 cucharada de fresas cortadas
- 1/2 frasco (de un frasco de 12 onzas) conservas de fresa
- 1 cucharadita de jugo de limón
- 1 taza de ruibarbo picado
- 1/2 cucharada de maicena

Instrucciones:

1. Deje a un lado el huevo de lino durante 15 minutos en el refrigerador, después de mezclar la harina de linaza y el agua.
2. Para hacer la corteza: Agregue todos los ingredientes secos en el recipiente del procesador de alimentos y procese hasta que estén bien incorporados.
3. Dispersa los cubos de mantequilla y da unos pulsos cortos (de unos 5-6 segundos cada uno) hasta que se formen migas.

4. Agregue el resto de los ingredientes para la corteza y el pulso hasta que estén bien incorporados.
5. Deje a un lado 1/4 de taza de la mezcla de corteza y agregue el resto de la mezcla en un pequeño plato de hornear rectangular (alrededor de 8 pulgadas).
6. Presione la mezcla en la parte inferior, así como un poco en los lados de la placa de hornear.
7. Hornee en un horno precalentado a 375 F durante unos 10-15 minutos o hasta que esté listo.
8. Retirar del horno y enfriar a temperatura ambiente.
9. Mientras tanto, haz el relleno de la siguiente manera: Añade todos los ingredientes para rellenar en el tazón del procesador de alimentos y da pulsos cortos de 3-4 segundos hasta que solo se incorporen. No mezcle la mezcla hasta que quede suave. Debe ser grueso.
10. Transfiera a una cacerola. Coloque la cacerola a fuego medio. Cocine a fuego lento hasta que quede grueso.
11. Cuchara la mezcla sobre la corteza. Espolvorea 1/4 de taza de migas (que se dejaron a un lado) en la parte superior.
12. Hornee durante otros 15-20 minutos o hasta que la parte superior esté marrón claro.
13. Retirar del horno y enfriar a temperatura ambiente.
14. Cortar en 12 rodajas iguales y servir.

Barra de desayuno de mantequilla de maní

Número de porciones: 4

Valores nutricionales por porción: 1 bar

Calorías – 232, Grasa – 9 g, Carbohidrato – 39 g, Fibra – 4 g, Proteína – 5 g

Ingredientes:

- 3/4 de taza de dátiles, deshuesados
- 1/4 de taza de avena a la antigua
- 1/4 de taza de mantequilla de maní, sin endulzar

Instrucciones:

1. Si sus fechas son muy secas, remoje en agua tibia de 20 a 30 minutos. Agregue las fechas en el tazón del procesador de alimentos y pulse hasta que se corten en trozos más pequeños.
2. Añadir la avena y la mantequilla de maní y dar pulsos cortos hasta que se incorporen. No sobre procesar.
3. Transfiera a un plato de hornear forrado. Extiénde la mezcla
4. Congele hasta que esté ligeramente firme.
5. Cortar en 4 rodajas y servir.

Barras de proteína de avena y lbaricoque

Número de porciones: 5

Valores nutricionales por porción: 1 bar

Calorías – 232, Grasa – 11.3 g, Carbohidrato – 23.8 g, Fibra – 5.1 g, Proteína – 13.2 g

Ingredientes:

- 3/4 de taza de semillas de calabaza
- 1/4 de taza de semillas de lino
- 1/2 taza de avena laminada sin gluten
- 1/2 taza de albaricoques turcos secos + extra para decorar
- Agua caliente, según sea necesario
- 2 cucharadas de jarabe de arce o miel
- Una sal de pellizco
- 1/2 cucharadita de canela molida
- 1/4 de taza de vainilla a base de vainilla proteina en polvo

Instrucciones:

1. Coloque una hoja de papel pergamino en la parte inferior de un plato de hornear cuadrados (6 x6).
2. Coloque las semillas de calabaza, las semillas de lino y la avena en una licuadora o procesador de alimentos y mezcle hasta que estén finamente en polvo.
3. Transfiera a un tazón.
4. Agregue los albaricoques en la licuadora o procesador de alimentos y procese hasta que estén finamente picados.
5. Transfiera al tazón de mezcla de avena.
6. Agregue la proteína en polvo, la canela y la sal y mezcle hasta que estén bien combinados.
7. Agregue alrededor de 3 cucharadas de agua, jarabe de arce y vainilla en otro tazón y bate bien.
8. Vierta en el tazón de ingredientes secos. Mezclar hasta que esté bien incorporado. Es posible que deba usar las manos mientras se mezcla.

9. Vierta la mezcla en el plato de hornear preparado.
10. Enfríe durante una hora o hasta que se ponga.
11. Cortar en 5 rodajas iguales y servir. Las sobras deben ser refrigeradas hasta su uso.

Barras de migas de arándanos

Número de porciones: 12

Valores nutricionales por porción: 1 bar

Calorías – 211, Grasa – 8 g, Carbohidrato – 32 g, Fibra – 4 g, Proteína – 4 g

Ingredientes:

<u>Para arándanos – capa de arándanos:</u>

- 1 taza de arándanos, frescos o congelados
- 1/2 taza de arándanos, frescos o congelados
- 4 cucharadas de azúcar cruda
- 2 cucharaditas de semillas de chía
- 4 cucharaditas de jugo de lima
- 6 cucharadas de agua

<u>Para la corteza:</u>

- 1 1/2 tazas de harina de trigo integral
- 1/2 taza de harina de almendras
- 1/2 cucharadita de sal
- 1 1/2 tazas de avena a la antigua
- 1/2 cucharadita de bicarbonato de sodio
- 1/2 taza de azúcar molida y cruda
- 1 cucharadita de canela molida
- 4 cucharadas de aceite de coco sólido
- 2 cucharaditas de extracto de vainilla
- 2 cucharaditas de jugo de lima
- 4 cucharadas de leche de almendras o más si es necesario

Instrucciones:

1. Para la capa de arándanos y arándanos: Agregue todos los ingredientes para la capa de arándanos y arándanos en una cacerola.

2. Coloque la cacerola a fuego medio. Cocine hasta que los arandanos estén descompuestos. Apaga el fuego. Machacar la mitad de las bayas con la parte posterior de una cuchara.

3. Para hacer la corteza: Añadir todos los ingredientes excepto la leche en un tazón y mezclar hasta que esté bien incorporado.

4. Rocíe la leche sobre ella y mezcle hasta que se formen migas.

5. Deje a un lado 1/4 de la mezcla de corteza.

6. Agregue el resto de la mezcla de corteza en una bandeja para hornear forrada con papel de pergamino. Púlselo bien sobre la parte inferior de la sartén.

7. Esparce la mezcla de arándanos sobre la corteza.

8. Espolvorea la mezcla de corteza retenida en la parte superior. Rocíe un poco de spray de cocción sobre la corteza superior.

9. Hornee en un horno precalentado a 350 F durante unos 25-30 minutos o hasta que se dore en la parte superior.

10. Saque el plato del horno y enfríe a temperatura ambiente.

11. Cortar en 12 rodajas iguales.

12. Almacene las sobras en un recipiente hermético en el refrigerador durante 4-5 días.

Brownie de frijoles negros

Número de porciones: 6

Valores nutricionales por porción: 1 mordida

Calorías – 149, Grasa – 4.9 g, Carbohidrato – 24.8 g, Fibra – 5.2 g, Proteína – 5.9 g

Ingredientes:

- 1 cucharada de harina de linaza
- 1/2 taza de frijoles negros cocidos o enlatados, enjuagados, escurridos
- 1/4 de taza de harina de almendras
- 1/2 cucharadita de extracto de vainilla
- 3/4 de cucharadita de polvo de hornear
- 1 cucharada de nueces picadas
- 3 cucharadas de agua
- 6 cucharadas de cacao en polvo, sin endulzar
- 1/2 cucharadita de sal marina
- 1/4 de taza de azúcar orgánica
- 1 cucharada de chips de chocolate sin lácteos

Instrucciones:

1. Engrase una bandeja de magdalenas de 6 recuentos con spray de cocción. Coloque revestimientos desechables en él.
2. Haga huevo de lino mi mezcla de harina de linaza y agua. Refrigerar durante 15 minutos.
3. Agregue el huevo de lino, los frijoles negros y todos los ingredientes secos en el tazón del procesador de alimentos.
4. Vierta la masa en la bandeja para hornear preparada. Llena hasta la mitad de las tazas.
5. Espolvorea nueces y chips de chocolate. Presione ligeramente en la masa.
6. Hornee en un horno precalentado a 350 F durante unos 20 minutos o hasta que esté listo.
7. Retirar del horno y enfriar a temperatura ambiente.
8. Retirar de las tazas de magdalenas y servir.

Bocados energeticos de pie de lima

Número de porciones: 5

Valores nutricionales por porción: 1 bola

Calorías – 123, Grasa – 7 g, Carbohidrato – 14 g, Fibra – 2 g, Proteína – 2 g

Ingredientes:

- 1/4 de taza de almendras crudas
- 2 cucharadas de nueces o nueces
- 1/2 lima + un poco más para decorar
- Una pizca de sal
- 1/2 taza de dátiles deshuesados
- 3 cucharadas de coco rallado y sin endulzar
- 2-3 cucharadas de jugo de lima

Instrucciones:

1. Coloque las almendras en el recipiente del procesador de alimentos y procese durante 5-6 segundos hasta que se piquen aproximadamente.
2. Añadir el resto de los ingredientes y procesar hasta que estén bien combinados y la textura preferida (como suave o grueso). Transfiera a un tazón.
3. Si la mezcla es pegajosa, engrase las manos con un poco de aceite.
4. Divide la mezcla en 5 porciones y forma en bolas.
5. Agregue un poco de coco rallado y un poco de ralladura de lima en un tazón y revuelva.
6. espolvorea en la mezcla de coco rallado y sirva.

Bolas de proteína de banana y avena

Número de porciones: 24

Valores nutricionales por porción: 1 bola

Calorías – 47, Grasa – 0.7 g, Carbohidrato – 8 g, Fibra – 1.2 g, Proteína – 2.7 g

Ingredientes:

- 2 cucharadas vegana de proteína de vainilla en polvo
- 2 tazas de avena enrollada
- 2 plátanos grandes, en rodajas

Instrucciones:

1. Agregue la avena y la proteína en polvo en el tazón del procesador de alimentos. Pulse durante 5-6 segundos hasta que se corte en pedazos pero no se en polvo finamente.
2. Agregue el plátano y el pulso hasta que estén bien combinados.
3. Transfiera a un tazón.
4. Divide la mezcla en 24 porciones iguales de una forma de bolas.
5. Colocar en un recipiente hermético en el refrigerador durante 4-5 días.

Conclusión

Al llegar al final de este libro, primero me gustaría darle las gracias por comprarlo e invertir su tiempo en leer lo a través de él. Espero que te haya parecido informativo y útil. Por ahora, usted sabe lo suficiente acerca de la dieta a base de plantas para entender por qué es recomendable y cómo puede ayudarle.

Las recetas que se dan en este libro le ayudarán a preparar algunos deliciosos desayunos todos los días. No sólo la comida será deliciosa, sino que también tendrá la satisfacción de saber que está empezando su día con una comida saludable. Todas las recetas son completamente a base de plantas y le ayudará a perder peso de una manera saludable. Usted puede probar nuevas recetas y cambiar los ingredientes para adaptarse a su gusto, así.

Para empezar, prueba todas las diferentes recetas y trabaja a tu manera a través de ellas. Pronto verá lo atractiva y sorprendente que es la dieta a base de plantas. Esta dieta no sólo le ayudará a ser más consciente de la salud, sino también más humano hacia los animales. Una vez que pruebes estas deliciosas recetas, estaras introducido en la dieta y se lo recomendaras a todos los demás que conoces también.

Esta al tanto con mi próximo libro en esta serie que cubrirá deliciosas y fáciles recetas de comida y después las recetas de postres. ¡Muchas gracias por leer y hazme saber lo que piensas de mis recetas! Aún mejor, si tienes sugerencias para mejorarlos o tener uno de los tuyos, ¡avísame!

¡Buen provecho!

Made in the USA
Columbia, SC
07 November 2019